One Dream Only/Il mio unico sogno
(Libro bilingue: inglese/italiano)

DUO BILINGUE

Autore Elodie Nowodazkij

Traduzione di Maria Giulia Cecchini

Revisione di Elisa Pardini

---

1. http://www.elodienowodazkij.com

Stai imparando l'inglese? Are you learning Italian?

THIS BOOK CAN HELP you with that: one page in English, one page in Italian ...

Questo libro può aiutarti: una pagina è in inglese e una in italiano.

She thought she was on her way to the top...
Sixteen-year-old Natalya Pushkaya has one dream and one dream only: becoming the best ballerina ever.
Dancing's always been who she is and she's working her hardest to land the main role of the School of Performing Arts'
end-of-the-year showcase.
But...will she make it?
Within a week, Natalya's life will be changed forever.

• • • •

Credeva di essere sulla strada per il successo...
La sedicenne Natalya Pushkaya ha un solo e unico sogno:
diventare la più grande ballerina di sempre.
La danza è sempre stata parte di lei, e ce la metterà tutta per
ottenere il ruolo principale nello spettacolo di fine anno alla scuola
di Discipline dello Spettacolo
Ma... ci riuscirà?
Nel giro di una settimana, la vita di Natalya cambierà per se.

March 21st, 6 p.m.

BLOOD.

The blood is everywhere. On the snow. On my hands. Dripping down my left eyebrow. In my mouth. The metallic taste is on my tongue, overwhelming and overpowering. Stabbing pain shoots through my neck right to my head, and my body is numb from the cold. I shiver without being able to control it. Snow flurries fall steadily on my face, wetting my lips. My throat burns as if I spent hours screaming or crying. The shadows of the trees close in on me.

My breathing accelerates.

How did I wind up here? I close my eyes but I get dizzy, as if I turned in a fast pirouette without having a steady point to anchor me. I open my eyes again, my brain searching for answers, but the memory takes too long to come to me.

Oh.

Papa and I were on the way to the airport.

That's right. I hadn't wanted to leave the house while Papa looked so sad, so lost. I hadn't wanted to go back to school in New York. So, what if the School of Performing Arts where I have been a student for the past two years has a very strict attendance policy?

21 marzo, ore 18

SANGUE.

Il sangue è dappertutto. Sulla neve. Sulle mie mani. Gocciola dal mio sopracciglio sinistro. In bocca. Ne sento sulla lingua il sapore metallico, fortissimo e soffocante. Un dolore lancinante mi trafigge il collo e mi si propaga fino alla testa, e tutto il mio corpo è intorpidito dal freddo. Tremo senza riuscire a controllarmi. I fiocchi di neve cadono senza sosta sul mio viso, bagnandomi le labbra, e la gola mi brucia come se avessi passato ore a gridare o a piangere. Le ombre degli alberi si stringono intorno a me.

Il mio respiro si fa più affannoso.

Come sono arrivata qui? Chiudo gli occhi ma la testa inizia a girarmi, come se stessi facendo una pirouette senza nessun punto fisso su cui concentrarmi. Apro di nuovo gli occhi, alla ricerca di risposte, ma la memoria non si decide a tornare.

Oh.

Io e papà stavamo andando all'aeroporto.

Sì, giusto. Non avrei voluto andarmene di casa con papà così triste, così perso. Non avrei voluto tornare a scuola a New York, e non mi importava se la scuola di Discipline dello Spettacolo che frequentavo da due anni aveva requisiti di frequenza molto severi.

But despite my protests, he'd simply looked at me with a frown I'd never seen on him before and insisted I get my suitcase. He'd said that my staying in Maine with him and Mama wouldn't help them sort out their issues.

Snow and ice covered most of the little road we took to the interstate. Papa tuned in to NPR, probably hoping this would quiet me.

The car slid once, but Papa straightened it without much of a problem. Then it slid a second time, only slightly, and he muttered under his breath in Russian. I waited a few seconds and then pressed him, asking more questions he didn't want to answer.

I changed the radio station, knowing full well that it would get a rise out of him. His favorite show was about to come on and Papa's rules were clear: never touch the radio if his favorite show was on or if he was listening to Chopin.

The memories get blurry. There was a truck and then loud honking, tires screeching and Papa yelling for me to hold on tight.

Papa.

My breath catches in my throat. Why hasn't Papa said anything yet? I turn my head, wincing at the pain, but I have to see. I have to make sure he's okay.

"Papa?" I call out, fighting against the dizziness taking over me. My heart skips a beat. I can't move anything. I can't move my legs.

I need to move my legs.

Ma nonostante le mie proteste, lui mi aveva guardato con un cipiglio che non gli avevo mai visto prima e aveva insistito perché andassi a prendere la valigia. Aveva detto che, se fossi rimasta con lui e mia madre nel Maine, non sarebbero riusciti a risolvere i loro problemi.

Neve e ghiaccio coprivano quasi tutta la stradina che portava all'autostrada. Papà accese la radio, probabilmente sperando che mi aiutasse a rilassarmi. L'auto slittò, ma papà la riprese senza troppi problemi. Poi slittò una seconda volta, leggermente, e lui mormorò tra i denti in russo. Attesi qualche secondo, poi lo incalzai, facendogli altre domande a cui non volle rispondere. Cambiai stazione radio, sapendo bene che l'avrei fatto arrabbiare. Il suo programma preferito stava per iniziare e le regole di papà erano chiare: mai toccare la radio se il suo programma preferito sta per iniziare o se sta ascoltando Chopin.

I ricordi si fanno offuscati. Un camion, un colpo forte, le gomme che stridono e papà che mi grida di reggermi forte.

Papà.

L'aria mi si incastra in gola. Perché papà non ha ancora detto una parola? Giro la testa con una smorfia di dolore, ma devo vedere. Devo essere sicura che stia bene.

"Papà?" lo chiamo, cercando di scacciare le vertigini che mi opprimono. Il mio cuore manca un battito. Non riesco a muovermi. Non riesco a muovere le gambe.

Devo muovere le gambe.

My arm's stuck, and pain radiates all over my body. I breathe in shuddering gasps, and my eyes dance frantically over the wreckage, trying to see where Papa is. There's only broken glass, the debris of our gray Honda, snow, and blood.

He probably went to get help. I can almost hear him with a laugh in his voice, telling me, *Everything will be fine, Natoushka. You worry too much.* But why would he leave me alone like this? He'd never leave me alone. My heart pounds fast and loud.

"Papoushka?" I call again, but my voice is thin.

Nothing.

Dread grips me, and I slowly turn my head to the other side and gasp. Papa.

His body's contorted; his leg is sprawled at an unnatural angle and his arm is curled over his head. He's knocked out, but his bright-blue eyes—so similar to mine—are wide open.

"Papoushka," I whisper, but he doesn't move. "Papoushka!" My voice cracks. Someone will come and help us. Someone will find us. Someone will make sure we're okay.

I clench my teeth, and inch by painful inch, I slide my body closer to him. My hand touches his and I interlink our fingers.

His skin is warm. He's fine. He has to be.

"You're okay, Papoushka. You're okay," I say as if in a trance. "You're okay," I repeat until everything blurs around me.

Until the pain's so strong that it engulfs me.

And I close my eyes.

Ho un braccio immobilizzato, e il dolore si propaga lungo tutto il corpo. Ogni mio respiro è un sussulto tremante. Il mio sguardo vaga freneticamente tra i rottami e cerco di individuare papà. C'è solo del vetro rotto, quel che resta della nostra Honda grigia, e del sangue.

Probabilmente è andato a cercare aiuto. Riesco quasi a sentire la sua voce rilassata che mi dice *andrà tutto bene, Natoushka. Ti preoccupi troppo.* Ma perché mi ha lasciato lì da sola in quel modo? Non mi lascerebbe mai da sola. Il cuore mi batte nel petto, forte e rapido.

"*Papoushka?*" lo chiamo di nuovo, ma la mia voce è debole.

Nulla.

Vengo presa dal terrore, e lentamente giro la testa dall'altra parte e sussulto. Papà.

Il suo corpo è tutto contorto; ha una gamba distesa a un angolo innaturale e un braccio ripiegato sopra la testa. È privo di sensi, ma i suoi occhi azzurri, così simili ai miei, sono spalancati.

"*Papoushka,*" sussurro, ma lui non si muove. "*Papoushka!*" La voce mi si incrina. Qualcuno verrà ad aiutarci, qualcuno ci troverà. Qualcuno si prenderà cura di noi.

Stringo i denti, e centimetro dopo centimetro gli scivolo dolorosamente vicino. Gli tocco la mano e intreccio le dita con le sue.

La sua pelle è calda. Sta bene. Deve star bene.

"Stai bene, *Papoushka.* Stai bene," dico, come in trance. "Stai bene," ripeto, finché intorno a me tutto si offusca.

Finché il dolore non è così forte che mi sopraffà.

E chiudo gli occhi.

March 18th, 7 p.m.

THERE'S A BUZZ IN THE canteen at dinner. Almost everyone's talking about the audition, and the few students who are not talking about the audition either laugh too loudly or look way too pale. Emilia's doing her best to ignore Nick, but when he asks if she wants to go over the choreography with him again, Emilia can't say no.

She turns to me. "You're coming, too?"

"I want to call my parents tonight and you know my rules."

"You want to visualize all the movements the evening before and do one last rehearsal in the morning."

"Yep. You and Nick should go. I'll see you in our room later."

Nick smiles my way as if I just named him the best dancer in the world, but I shrug. Even though I want those two to figure a way to be happy together, I really cannot derail from my routine.

When it comes to the evening before a big audition: I always call my parents, listen to the music, visualize myself dancing all the movements perfectly, and put a picture of Mama at the height of her career under my pillow.

18 marzo, ore 19

ALL'ORA DI CENA LA mensa è in fermento. Quasi tutti parlano dell'audizione, e i pochi che non parlano dell'audizione ridono un po' troppo forte o sono fin troppo pallidi. Emilia sta facendo del suo meglio per ignorare il nostro amico Nick, che si sta passando la mano tra i capelli scuri tagliati corti, le braccia forti che si flettono. Io non ho tempo per pensare ai ragazzi, e so che lui ha una cotta per Emilia, ma non posso negare che sia un gran pezzo di ragazzo. Quando le chiede se vuole provare di nuovo la coreografia con lui, Emilia non può rifiutare.

Lei si gira verso di me. "Vieni anche tu?"

"No, voglio chiamare i miei stasera, e conosci le mie regole."

"Vuoi visualizzare tutti i movimenti la sera prima e fare un'ultima prova la mattina stessa."

"Esatto. Tu e Nick andate, ci vediamo più tardi in camera."

Nick sorride nella mia direzione come se lo avessi appena nominato miglior ballerino del mondo, ma io alzo le spalle. Anche se mi piacerebbe che quei due trovassero il modo di essere felici insieme, io ho la mia routine e non posso proprio sgarrare.

Quando si tratta della sera prima di un'audizione importante: chiamo i miei, ascolto la musica, visualizzo me stessa fare tutti i passi di danza alla perfezione, e metto sotto il cuscino una foto di mamma all'apice della sua carriera.

She doesn't know that.

No one knows that.

I'm not sure if I think she'll transfer her talent to me that way, but it reassures me.

I finish my cup of water, put up my tray in the right corner as always and head back to my room to start with my ritual.

• • • •

"HI, PAPA," I SMILE.

"Hi, Natoushka. You ready for tomorrow?" he asks, but there's something in his voice. It's not his usual happy one. He hasn't sounded happy for a few weeks now.

"Yep, definitely ready." I try to sound as cheerful as possible. "If I get it, I think it's really going to start my career. And I feel like I am Aurora. I feel like I own the part."

"That's good, sweetie."

"I think I feel the same as when you were onstage playing Chopin. You told me once how you got so lost in the music, you didn't know where it began and where you ended. It's like that for me."

"It is a wonderful feeling. A scary one, too," my father replies. "But you always need to find yourself again," he adds after a short pause.

"I know, Papa. But when I dance . . ."

"When you dance, you feel whole and complete. But remember what I always say . . ."

Lei non lo sa.

Nessuno lo sa.

Forse credo che possa trasferirmi il suo talento in quel modo, non saprei, ma mi tranquillizza.

Finisco il mio bicchier d'acqua, metto il vassoio sul carrello nell'angolo destro, come al solito, e torno nella mia stanza per iniziare il rituale.

• • • •

"CIAO, PAPÀ," SORRIDO.

"Ciao, Natoushka. Pronta per domani?" mi chiede, ma c'è qualcosa nel suo tono di voce. Non è la sua solita voce allegra. Non ha la voce allegra da settimane, ormai.

"Sì, prontissima." Cerco di sembrare più euforica che posso. "Se avrò la parte, penso che potrebbe essere davvero l'inizio della mia carriera. Mi sento come se fossi Aurora, come se il ruolo fosse mio."

"È una buona cosa, tesoro."

"Credo di sentirmi come ti sentivi tu quando ti esibivi con Chopin. Una volta mi hai detto che eri così immerso nella musica che non sapevi più dov'era iniziata e dove sarebbe finita. Anche per me è così."

"È una sensazione stupenda, e anche spaventosa," risponde mio padre. "Ma devi riuscire a ritrovare te stessa, dopo," aggiunge dopo una breve pausa.

"Lo so, papà. Ma quando ballo..."

"Quando balli, ti senti completa e come infinita. Ma ricorda quello che ti dico sempre..."

"There's more to me than dancing," I say. He sounds a bit more normal now. He never fails to remind me that, to him, I'm more than a ballerina and that I should be more than that to me, too. Maybe one day.

"Are you sure you want to come this weekend? The weather isn't supposed to be that great."

"Of course, I'm sure. We've been planning it for months!"

"I don't want you to get stranded in Maine while you're supposed to be back at school on Monday. That's all. I have to go. I love you, Natoushka. Think about what I said." He pauses, and before I can reply, my mother's voice comes through the phone.

"Natoushka," she says, and the little nickname she only uses rarely tugs at my heart. Maybe this weekend, we'll reconnect. I haven't seen my parents in two months and our phone calls are more sporadic than even before. I spend too much time rehearsing, too much time in the zone. They spend too much time pretending everything's okay "I danced Aurora, too, you know," she continues. "It's a difficult part, much more difficult that what it seems at first. I was her." She pauses. "And now, now I'm nothing."

"You're not nothing, Mama. Everyone remembers you as Aurora and as Maleficent. If I only dance half as good at you, I'll be amazing."

"Only reach for the best. You need to be even better than me, Natalya. Otherwise, why work so hard? Why break everything? Why lose everything?" She sounds sad. Way too sad.

"Non esiste solo la danza," finisco. Ora la sua voce sembra un po' più quella di sempre. Non smette mai di ricordarmelo: per lui sono molto di più che una ballerina e dovrei esserne convinta anch'io. Forse, un giorno... "Sei sicura di voler venire, questo weekend? Il tempo non sarà bellissimo."

"Sì, voglio venire. Ne parliamo da mesi!"

"Non voglio che tu ti ritrovi bloccata nel Maine e che tu non possa tornare a scuola lunedì, tutto qui. Ora devo andare. Ti voglio bene, Natoushka, pensa a quello che ti ho detto." Fa una pausa, e prima che possa rispondergli la voce di mia madre prende il posto della sua al telefono.

"Natoushka," dice, e quel nomignolo che lei usa così di rado mi fa male al cuore. Forse questo weekend ci rivedremo. Non vedo i miei genitori da due mesi e ci telefoniamo molto meno che in passato. Passo troppo tempo alle prove, troppo tempo concentrata su quello, e loro passano troppo tempo a fingere che vada tutto bene. "Anch'io ho ballato Aurora, lo sai," continua. "È un ruolo difficile, molto più di quanto sembri. Io ero lei." Fa una pausa. "E adesso non sono un bel niente."

"Non è vero, mamma. Tutti si ricordano di te come Aurora e Malefica, e se riuscirò a essere brava anche solo la metà di te, sarò grandiosa."

"Fai del tuo meglio. Dovrai essere anche più brava di me, Natalya, altrimenti perché lavorare così duramente? Perché mandare a monte tutto, perché perdere tutto?" Sembra triste, fin troppo triste.

"I know, Mama. I'll reach for the stars. I'll see you this weekend. Are you okay?" I hear her sniffle.

"I'm fine. It's just a cold," she says.

"You're still picking me up tomorrow at the airport with Papa?" I ask. She promised last time she would be there.

"Sure," she replies.

I want to believe her.

"Lo so, mamma, punterò alle stelle. Ci vediamo questo weekend. Ma stai bene?" La sento tirare su col naso.

"Sto bene, ho il raffreddore," risponde.

"Vieni lo stesso a prendermi all'aeroporto con papà domani?" le chiedo. Mi ha promesso che sarebbe venuta.

"Certo," dice.

Voglio crederle.

March 22nd, 4 p.m.

"SHE SHOULD BE AWAKE soon," a muffled voice says. It's close to me but oh so far away. My mouth feels like cotton, and everything hurts—my head, my arms, and my legs.

My legs. There was an accident. The truck. Our car against the tree.

Papa.

Papoushka.

My breathing stops. I was holding his hand in the snow. He wasn't answering, but he must be fine. He's probably talking to the doctors outside. My eyes flutter open. Everything's out of focus, and it takes me a few seconds to distinguish anything. The room seems to be entirely white, and there's an overwhelming smell of Clorox, as if someone dropped an entire bottle and forgot to air out the room.

A few people stand around: Mama, my uncle Yuri, and doctors and nurses clothed in scrubs and white coats.

But I don't see Papa.

"There she is," my uncle says as he carefully caresses my forehead. "Natalya." He sounds sad. Too sad. Tears well in his blue eyes, so similar to my father's that for a second I almost see Papa looking at me.

22 marzo, ore 16

"DOVREBBE SVEGLIARSI da un momento all'altro," dice una voce ovattata. È vicina a me, ma così lontana... Mi sembra di avere in bocca del cotone, e mi fa male tutto, la testa, le braccia e le gambe.

Le gambe. C'è stato un incidente. Il camion. La macchina contro l'albero.

Papà.

Papoushka.

Il respiro mi si mozza. Gli tenevo la mano nella neve. Non mi rispondeva, ma starà di certo bene. Probabilmente sta parlando con i dottori qui fuori. Sbatto le palpebre e apro gli occhi. Tutto è fuori fuoco, e mi ci vuole qualche secondo per distinguere qualcosa. La stanza sembra tutta bianca, e c'è un fortissimo odore di Clorox, come se qualcuno ne avesse versato una bottiglia intera dimenticando di aprire la finestra.

Attorno a me ci sono delle persone: mamma, mio zio Yuri, dottori e infermiere in camice bianco.

Ma non vedo papà.

"Ti sei svegliata," dice mio zio accarezzandomi con attenzione la fronte. "Natalya." Sembra triste. Troppo triste. Gli occhi azzurri sono così simili a quelli di mio padre che per un attimo mi sembra di vedere lui, e adesso sono pieni di lacrime.

I try to sit up but wince at the pain. Yuri makes a tutting sound that I think is meant to comfort me. He turns to Mama, who's leaning against the wall, not looking my way—not looking at anything. She crumbles to the floor, her long blond hair hiding her face, but it can't conceal the shakes that rack her body.

"Mama," I call to her, but she buries her head in her knees.

"We killed him," she whispers, and I stare at her, not understanding, not wanting to understand.

"Papoushka?" I ask, and I close my eyes.

This is a nightmare and I want it to end.

Cerco di tirarmi su ma il dolore è troppo forte. Yuri schiocca la lingua, credo per confortarmi, e si gira verso mamma che è appoggiata al muro e non mi guarda, non guarda niente. Scivola a sedere per terra, i lunghi capelli biondi che le nascondono il viso, ma non mi sfuggono i tremiti che le scuotono il corpo.

"Mamma," la chiamo, ma lei nasconde la faccia tra le ginocchia.

"L'abbiamo ammazzato noi," sussurra, e io la fisso incapace di capire, *rifiutando* di capire.

"Papoushka?" chiedo, e chiudo gli occhi.

Questo è un incubo e voglio che finisca.

March 19th, 10 a.m.

THE SCHOOL OF PERFORMING ARTS in New York City is the best foot in the door to Juilliard, to the American Ballet Company, to ballet companies around the world. And the end-of-the-year showcase is a way to get spotted, recruited, to make an imprint on the dancing world. If I manage to get the main role as a junior, I'll be making history. Only seniors get it, but everyone's allowed to try out.

And everyone does try out.

I'm the first one on the long list of hopefuls waiting to prove to the school I have what it takes to make it to the top. In one hour, I need to present myself to the stage, side A. And all I can think about is how Mama sounded yesterday on the phone. How Papa told me I shouldn't come home this weekend.

Maybe, if I called them now. Maybe I could ask Mama how she always managed to own the room as soon as she stepped onto a stage, how she made the character's emotions so clear in her movements. Maybe she'll finally tell me that she's proud of me.

Papa says it all the time. He says that as long I try my best, he's proud of me, that it doesn't matter if I'm a prima assoluta or if I decide to quit dancing: *As long as you try your best, as long as you don't give up just because you think it's too hard, as long as you do what makes you happy, I'm proud of you, Natoushka.*

Un'ora prima dell'audizione

19 marzo, ore 10

LA SCUOLA DI DISCIPLINE DELLO SPETTACOLO di New York è il miglior trampolino di lancio per entrare alla Juilliard, nell'American Ballet Company e in qualsiasi balletto in giro per il mondo. Il saggio di fine anno è un modo per venire notati, ingaggiati, per lasciare un segno nel mondo della danza. Se riuscirò a ottenere il ruolo principale anche se sono ancora tra i giovani, farò la storia. Soltanto i più esperti ottengono quella parte, anche se a tutti è concesso di provarci.

E ci provano proprio tutti.

Io sono la prima della lunga lista di gente speranzosa in attesa di dimostrare alla scuola che ha tutte le carte in regola per farcela. Tra un'ora dovrò presentarmi sul palco, lato A, e tutto quello a cui riesco a pensare adesso è la voce di mia madre, ieri, al telefono, e a papà che mi dice di non tornare a casa per il weekend.

Forse se li chiamassi adesso potrei chiedere a mamma come faceva a dare sempre il massimo una volta salita sul palco, come riusciva a rendere le emozioni del personaggio così chiare attraverso i movimenti. Forse finalmente mi direbbe che è orgogliosa di me.

Papà me lo dice tutto il tempo. Dice che finché continuerò a fare del mio meglio, lui sarà orgoglioso, non importa se sarò una *prima assoluta* o se abbandonerò la danza: *Se farai del tuo meglio, se non ti arrenderai solo perché ti sembra troppo dura, finché farai quello che ti rende felice, io sarò orgoglioso di te, Natoushka.*

I have no idea what Mama thinks about my career. Sure, she smiles when she sees me on stage. Sure, she pushes me. She always reminds me to do my stretching exercises. She always reminds me to stand straight, not because it is proper but because, it's not ballerina-like to slouch. It's also not "ballerina-like" to cry because your feet bleed or because you've twisted your knee more times than you can count.

It's not like I've heard any of her advice in the recent months anyway.

I grind my teeth, stand up, and extend my hands to the floor. I should be stretching, getting ready, definitely not worrying about my parents. There's only one way for me to forget about them, about the drama waiting for me at home: dancing.

I turn up the music and continue stretching, but I can't clear my head. In one of the latest issues of Dance Magazine, several dancers explained what it was like to dance Aurora. Jenifer Ringer—New York City Ballet principal dancer—told Dance Magazine that "the magic of the fairy tale" was the most important thing, that the show should transport people to another place. I need to go to that magical place myself. I need to believe it so it's easier for others to believe me. Irina Kolpakova from Kirov Ballet said to listen to the music, that it says everything.

Non ho idea di cosa pensi mamma sulla mia carriera. Certo, quando mi vede sul palco sorride. Mi incoraggia. Si assicura sempre che faccia i miei esercizi di stretching, mi ricorda di stare dritta, non perché sia opportuno ma perché *stare curva non è da ballerina*. Non è "da ballerina" neanche piangere perché i piedi ti sanguinano o perché hai subito una distorsione al ginocchio per l'ennesima volta.

Non mi dà nessun consiglio da mesi, comunque.

Stringo i denti, mi alzo e mi piego fino ad arrivare a terra con le mani. Dovrei fare stretching, prepararmi, non certo preoccuparmi dei miei genitori. C'è solo un modo per dimenticare loro e i problemi che mi aspettano a casa: ballare.

Alzo il volume della musica e continuo a lavorare, ma non riesco a svuotare la mente. In uno degli ultimi numeri di *Dance Magazine*, alcune ballerine spiegavano come fosse ballare Aurora. Jenifer Ringer, la prima ballerina del New York City Ballet, diceva che "la magia della fiaba" è la cosa più importante, che lo spettacolo deve trasportare gli spettatori in un altro luogo. Devo andare io stessa in quel luogo magico, devo crederci davvero, così sarà più facile anche per gli altri. Irina Kolpakova del balletto di Kirov diceva di ascoltare la musica, perché ci troverai tutto.

I bow my head to my knee, extend my arm over my head, inhale, exhale deeply, close my eyes, and listen to the rhythm, to the story. I try to forget about the pain in my right knee; I've twisted it a few times and it's always a bit painful. But nothing can stop me.

The music envelops me, resonates within me. Aurora goes through so many stages of her life in the ballet. I can be as excited as she is, discovering love, discovering what she wants to live for. And then, there is the sadness, the sorrow of being bound without even knowing it before she becomes free again. The audition comprises a few minutes of the Rose Adagio, when Aurora meets her suitors for the first time, followed by a few minutes of Aurora dancing more slowly, more languidly as she falls under the sleeping spell cast upon by Maleficent.

I do one last stretch, my arms above my head, leaning as far as I can to the right and then to the left, and I take a deep breath. It's time to go through the choreography.

I stand up, and my legs take over. Forgotten are the hours spent rehearsing, the arguments with Mama, the fleeting thought that my knee could give up on me, leaving me without hope and dreams, and I *become* Aurora. It's as if I have been her all along and these steps are mine.

Chino la testa sul ginocchio, allungo un braccio sopra la testa, inspiro, espiro lentamente, chiudo gli occhi e ascolto il ritmo, ascolto la storia. Cerco di dimenticare il dolore al ginocchio destro; mi si è slogato più di una volta e mi fa sempre un po' male. Ma nulla può fermarmi.

La musica mi avviluppa, mi risuona dentro. Durante il balletto Aurora attraversa molte fasi della vita. Devo essere esaltata come lei, scoprendo l'amore e quello per cui vale la pena vivere. Poi c'è la tristezza, il dolore di ritrovarsi in catene senza nemmeno essersene accorta, prima di essere di nuovo libera. L'audizione comprende qualche minuto dell'Adagio della Rosa, quando Aurora incontra per la prima volta i suoi pretendenti, e qualche altro minuto di Aurora che danza più lentamente, più languidamente, e cade vittima dell'incantesimo di Malefica.

Mi allungo un'ultima volta, le braccia sopra la testa, e mi piego più che posso prima a destra e poi a sinistra, respirando profondamente. È il momento di ripassare la coreografia.

Mi tiro su, e le mie gambe prendono il controllo. Dimentico le ore passate a provare, le discussioni con mamma, il breve pensiero che il mio ginocchio possa abbandonarmi lasciandomi senza speranze e senza sogni, e divento Aurora. È come se fossi stata lei per tutto il tempo, e i suoi passi sono anche i miei.

The music is joyous and happy images flash in my mind: the day my parents gave me the necklace I'd been eying for weeks, the one with the cute ballet-shoe pendant; the day Becca taught me how to swim and how free I felt in the water; the time my babushka sat me down and told me a bunch of fairy tales, including one about a little girl who would grow up to be loved, happy, and the best ballerina ever, but most importantly, that she would always be cherished by her grandmother.

My grin spreads, and my movements become light as air.

At the end of the music, I stay in the *arabesque penché,* keeping the energy building inside me. And then I start again, focusing only on a few movements, the ones I know the judges will dissect. My reflection shows me that my figure is okay, that my thighs aren't too big. I can't stop myself from enjoying a few treats, but my usual meals include salad, fish, and sometimes a bit of chicken. I only let go when I'm out in a nice restaurant with my uncle Yuri.

One of the girls had to leave the school because she'd gained too much weight. Another had to leave because she barely could dance anymore, too weak from an eating disorder. No one said anything to her. Not one single teacher asked her what was wrong, despite being known as the "single apple eater," despite the fact that everyone still talks about Heidi Noelle Guenther, the twenty-two-year-old member of the corps de ballet, who collapsed and died on a family trip to Disneyland a few years back.

La musica è gioiosa e mi fa tornare in mente immagini felici: il giorno in cui i miei genitori mi hanno regalato la collana che avevo adocchiato da giorni, quella con il ciondolo a forma di scarpetta da ballo; quello in cui Becca mi ha insegnato a nuotare e il senso di libertà che ho provato in acqua; quella volta in cui la mia Babushka mi fece sedere e mi raccontò un sacco di favole, tra cui una su una bambina che sarebbe cresciuta amata, felice, e sarebbe diventata la più brava ballerina di sempre, e soprattutto sarebbe sempre stata adorata dalla sua nonna.

Il mio sorriso si allarga e i miei movimenti diventano leggeri come l'aria.

Quando la musica finisce, rimango in *arabesque penché*, conservando l'energia che cresce dentro di me. E poi riparto, concentrandomi solo su alcuni movimenti, quelli che so che i giudici analizzeranno più a fondo. Il mio riflesso nello specchio mostra una figura normale, cosce non troppo grandi. Non riesco a impedirmi di sgarrare un po', ma i miei pasti di solito comprendono insalata, pesce e a volte del pollo. Faccio uno strappo alla regola solo quando sono al ristorante con lo zio Yuri.

Una delle altre ragazze ha dovuto lasciare la scuola perché aveva preso troppo peso, un'altra era così debole per colpa di un disturbo alimentare da non riuscire quasi più a ballare. Nessuno le aveva detto una parola. Neanche un insegnante le aveva chiesto che cosa non andasse, anche se la conoscevano come "quella che mangia una mela e basta", anche se tutti ancora parlano di Heidi Noelle Guenther, la ragazza di ventidue anni che faceva parte del *corps de ballet* e che era crollata a terra, morta, durante una gita a Disneyland con la famiglia qualche anno fa.

I take a deep breath, trying to regain focus. I change position and work on perfecting my arabesque penché, trying to reach the 180-degree line from working foot to standing foot.

Svetlana—my favorite dance instructor and a former colleague of Mama's—enters the room as I complete the final stretch to my arabesque. Her lips turn up in a bright smile.

"You look so much like your mom," she says. "With your hair half-down like that and passion showing in your every movement. Everyone can tell you're the daughter of the great Katya Pushkaya." She sighs and clasps her hands together. "She was really amazing."

"Thank you," I reply, shaking out my muscles. I mean it—Mama was the best.

She was the light illuminating any stage she danced on. She had that little something extra we all strive for: presence, charisma, and a way to lose yourself in the dance, bringing the public into the moment with you. The last time she came to visit me at school, almost everyone was in awe.

Almost.

A few girls had snickered behind my back, saying it's well known that Mama stopped dancing because she'd developed the habit of going to rehearsal totally wasted. But they're wrong; she started drinking when she gave up dancing. When she got pregnant with me.

Faccio un respiro profondo, cercando di riprendere la concentrazione. Cambio posizione e mi metto a lavorare sul mio *arabesque penché*, cercando di creare un angolo di centottanta gradi tra il piede a terra e quello in aria.

Svetlana, la mia insegnante preferita ed ex collega di mamma, entra nella stanza mentre eseguo l'ultimo allungamento sul mio *arabesque*. Gli angoli delle sue labbra si sollevano in un sorriso raggiante.

"Assomigli tanto alla tua mamma," dice. "Con i capelli mezzi tirati su e la passione che viene fuori da ogni tuo movimento. Si vede bene che sei la figlia della grande Katya Pushkaya." Sospira e congiunge le mani. "Era meravigliosa."

"Grazie," replico, rilassando i muscoli. E dico davvero, mamma era la migliore. Era una luce che illuminava qualsiasi palcoscenico calcasse. Aveva quel qualcosa in più che tutti sperano di avere: presenza scenica, carisma, e si perdeva completamente nella danza, portando il pubblico con sé. L'ultima volta che mi era venuta a trovare a scuola, quasi tutti erano estasiati.

Quasi.

Qualche ragazza aveva spettegolato alle mie spalle, dicendo che è risaputo che mia madre ha smesso di ballare perché aveva preso l'abitudine di andare alle prove completamente ubriaca. Ma si sbagliano: ha iniziato a bere dopo aver smesso di ballare. Dopo che è rimasta incinta di me.

Svetlana turns off the music. "You're going to do great," she says, and then steps aside. "They're ready for you."

They.

The director of the school, a former dancer from the American Ballet Company who studied here, the head of choreography, and the foundation director.

They'll be judging me. They'll be looking at every single movement I make, if my head tilts too much to the right, if my leg isn't bent perfectly. I rub my knee again. The pain's not strong, but it's my weak point. One wrong move and I could really damage my future.

I can't let that happen.

Svetlana spegne la musica. "Sarai bravissima," dice, poi si fa da parte. "Ti aspettano."

Loro.

Il direttore della scuola, una ex ballerina dell'American Ballet Company che ha studiato qui, il capo coreografo e il direttore della fondazione.

Mi giudicheranno. Osserveranno ogni mio singolo movimento, se giro la testa un po' troppo a destra, o se la mia gamba non è perfettamente piegata. Mi strofino di nuovo il ginocchio. Il dolore non è forte, ma è il mio punto debole.

Una mossa sbagliata e potrei davvero mettere a rischio il mio futuro.

Non posso lasciare che succeda.

March 20th, 9:30 a.m.

MY PLANE LANDS IN PORTLAND, Maine, with an hour delay because of the snow. I let the couple with the young child who'd been crying the entire way here pass in front of me. They smile gratefully and I return it. It's like the world's waiting for me and I'm ready to jump in. I managed to convince myself that Papa and Mama are going to be happy to see me and that we're going to spend a nice weekend catching up, that I imagined how sad they both sounded during our last phone call.

I hurry out to the baggage claim and spot Papa right away. He's standing by the exit.

I stretch my neck to see where Mama's hiding, but I can't find her. My heart clenches, but I don't want to give up on my fantasy weekend just yet.

"Natoushka!" Papa waves and opens his arms.

"You know I don't like hugging," I mutter, but there's something about the way he looks at me that tugs at my heart. His brows are furrowed and his lips fight a smile, but it's a lost battle. His shirt isn't tucked in properly and his usually smooth face is riddled with hair, as if he hasn't shaved in a few days.

20 marzo, ore 9 e 30

IL MIO AEREO ATTERRA a Portland, nel Maine, con un'ora di ritardo per via della neve. Lascio che la giovane coppia col bambino che ha pianto per tutto il volo mi passi avanti. Mi sorridono con riconoscenza e io ricambio. È come se il mondo aspettasse solo me, e io sono pronta. Sono riuscita a convincermi che mamma e papà saranno felici di vedermi e che passeremo un bel weekend insieme, e che forse mi sono solo immaginata che sembrassero tanto tristi, al telefono.

Mi affretto verso il ritiro bagagli e vedo subito papà, vicino all'uscita.

Allungo il collo per vedere dove si nasconde mamma, ma non riesco a trovarla. Ho una stretta al cuore, ma non sono ancora pronta ad abbandonare le mie aspettative per il weekend.

"Natoushka!" Papà mi saluta e spalanca le braccia.

"Lo sai che non mi piacciono gli abbracci," borbotto, ma c'è qualcosa nel modo in cui mi guarda che mi colpisce. L'espressione è corrucciata e le labbra cercano di sollevarsi per un sorriso, ma è una battaglia persa. La sua camicia non è infilata bene nei pantaloni e il suo viso di solito ben rasato è ricoperto di peli, come se non si sbarbasse da giorni.

Instead of turning away, I step into his embrace. He wraps his arms around me, and I feel like I did when I was younger, like nothing bad can ever happen to me with him by my side. My papa's always been my hero, the one to save me from my nightmares, the one who made sure my lunch was packed up for school, and the one who explained to me that I wasn't dying when my first period came.

Mama was always too "sick." Now I know "sick" meant she was totally hangover or too wasted to move.

"Where is she?" I ask, still hopeful that Mama might be buying a magazine or waiting in the car.

"She's waiting for you at home," Papa replies. My chest constricts.

I should have known better than to believe her when she said she'd come.

It's not like she hasn't seen me in months. It's not like I had the most important audition of my career to date yesterday. It's not like she'd *promised* last time that she'd come to pick me up.

No, nothing like that, I think bitterly, clutching my necklace and trying very hard not to start crying right here.

Invece di ritrarmi, accolgo il suo abbraccio. Mi cinge con le braccia e io mi sento come quando ero piccola, come se non potesse succedermi nulla di male finché lui è con me. Il mio papà è sempre stato il mio eroe, quello che mi salvava dagli incubi, che si assicurava che avessi il pranzo pronto per la scuola, e che mi ha spiegato che non ero in pericolo di vita quando ho avuto le prime mestruazioni.

Mamma era sempre troppo "malata". Adesso so che "malata" voleva dire che aveva i postumi della sbornia o che era troppo ubriaca anche solo per muoversi.

"Dov'è mamma?" chiedo, ancora sperando che sia a comprare un giornale o che ci stia aspettando in macchina.

"Ti aspetta a casa," risponde papà. Sento una stretta al petto.

Non avrei dovuto crederle quando mi ha detto che sarebbe venuta.

Certo, non importa che non mi veda da mesi. Non importa che ieri io abbia avuto l'audizione più importante della mia carriera. Non importa neanche che avesse *promesso* che sarebbe venuta a prendermi.

No, non è importante, penso con amarezza, stringendo forte la collanina tra le dita e cercando con tutte le mie forze di non mettermi a piangere.

I run my fingers through my hair. We stroll by the store *Cool as a Moose,* turning toward the exit as the smells from *Linda Bean's Maine Lobster Café* waft by. Their chowder is yummy, but after splurging at the steakhouse—*Delmonico's*—with Uncle Yuri last night, I can't even think about eating.

"How was your flight?" Papa grabs my small suitcase.

"Fine, whatever, nothing special," I reply harshly. I shouldn't punish Papa for her mistakes, but sometimes I can't help myself. I usually snap at him when all I really want to do is yell at her. But not today. I won't let her ruin the good mood I've been in all morning. "I mean, a little bumpy, but nothing too bad," I say and glance at Papa.

His hands tremble a bit, which is unusual. Papa's a pianist. He has the steadiest hands of anyone I know.

I climb into the passenger seat of our car and wrinkle my nose. The car smells like a mix of Papa's cologne and . . . vomit. "What happened in here?"

"Nothing. Your mom got sick, but it's all good." Papa opens one of the windows, sending a gust of the chilly wind into the car.

I cringe. "Is everything okay?"

"Great. Everything's fine. Don't worry." He maneuvers out of the parking lot and onto the highway before talking again. "They're calling for more snow and sleet tomorrow and Sunday. Maybe you should leave earlier. Like tomorrow morning. Or even tonight. The last flight out is at about eight."

Mi passo una mano tra i capelli. Passiamo accanto al negozio *Cool as a Moose* dirigendoci verso l'uscita, con gli odori del Linda Bean's Maine Lobster Café che ci solleticano le narici. Fanno delle zuppe buonissime, ma ieri sera ero con lo zio Yuri alla steakhouse Delmonico's e abbiamo mangiato fin troppo, quindi adesso non ho per niente fame.

"Com'è andato il volo?" Papà mi prende la piccola valigia.

"Bene, niente di speciale," rispondo duramente. Non dovrei punire papà per gli errori della mamma, ma a volte non riesco a trattenermi. Di solito mi sfogo su di lui quando in realtà vorrei prendermela con lei, ma non oggi. Non lascerò che riesca a farmi passare il buonumore che ho avuto fino a ora. "Cioè, c'era un po' di turbolenza, ma niente di che," dico lanciandogli un'occhiata. Le mani gli tremano un pochino, il che è una cosa insolita. Papà è un pianista, e non conosco nessuno con le mani più ferme delle sue. Salgo in macchina dal lato del passeggero e storco il naso. C'è un odore che sembra un misto tra la colonia di papà e... vomito. "Cos'è successo qui dentro?"

"Niente. La mamma è stata male, ma ora sta bene." Papà apre un finestrino e lascia entrare un po' d'aria fredda.

Faccio una smorfia. "Tutto okay?"

"Certo. Tutto benissimo, non ti preoccupare." Fa manovra per uscire dal parcheggio, e parla di nuovo solo una volta imboccata l'autostrada. "Dicono che domani e domenica farà ancora neve e nevischio. Forse dovresti andare via un po' prima, magari domani mattina. Oppure stasera. L'ultimo volo è alle otto circa."

My heart breaks a little. Tonight? That's so soon. I expect those comments from Mama, but not from him. "Do you want me to?"

He glances my way for a second, before turning his attention back to the road. "That's not what I meant. I know how important it is for you to be there on Monday, and if the flights get cancelled you'll be stuck with us."

He attempts a smile, but it looks more like a grimace than the real thing. "I'm sure you got the part." Before I can answer, he turns on the radio and switches to the CD he always has in his car: *The Chopin Collection* played by Arthur Rubinstein.

According to Papa, Rubinstein is a legend. Papa used to tell me that playing an instrument and dancing had several things in common. He said Rubinstein nailed it when asked how he could continue to play the same waltz for over seventy-five years: Rubinstein had replied, *Because it's not the same, and I don't play it the same way.* It is so true. Last year, I danced a small role in *Cinderella*, and each night I discovered a new detail, a new feeling.

Papa's fingers tap out a rhythm on the steering wheel, and his deep voice hums the melody of the song.

Familiar houses flash by the windows, and I close my eyes. The adrenaline from the past few days is slowly wearing off, and the music and my father's humming rock me like a lullaby. Papa always tells me that when I was a baby, the only way to calm me down was to put on a Nocturne from Chopin and I'd fall asleep instantly.

Chopin still has the same effect on me now.

Quelle parole mi spezzano il cuore un pochino. Stasera? È troppo presto. Mi aspetterei certe frasi da mamma, ma non da lui. "Vuoi che me ne vada?"

Mi lancia un'occhiata per un secondo, prima di riportare lo sguardo sulla strada. "Non volevo dire questo. So quanto è importante per te essere a scuola lunedì, e se dovessero cancellarti il volo sarai costretta a restare qui."

Cerca di sorridere, ma quello che viene fuori assomiglia più a una smorfia. "Sono sicuro che hai avuto la parte." Prima che possa replicare, accende la radio e mette il cd che sta sempre in macchina: *The Chopin Collection* con Arthur Rubinstein al piano. Secondo papà, Rubinstein è una leggenda. Mi ha sempre detto che suonare uno strumento e danzare hanno qualcosa in comune. Rubinstein aveva colto nel segno quando gli avevano chiesto come facesse a continuare a suonare lo stesso valzer da più di settantacinque anni: aveva risposto, *Perché non è lo stesso, e io non lo suono allo stesso modo.* È verissimo. L'anno scorso ho avuto un piccolo ruolo in *Cenerentola* e ogni sera scoprivo un nuovo dettaglio, una nuova sensazione.

Papà tamburella con le dita sul volante e canticchia la melodia con la sua voce profonda.

Fuori dal finestrino scorrono veloci case dall'aspetto familiare, e chiudo gli occhi. L'adrenalina dei giorni scorsi si sta esaurendo piano piano, e la musica e mio padre che canta mi cullano come una ninna nanna. Papà mi racconta sempre che quando ero piccola l'unico modo per farmi stare buona era mettere su un Notturno di Chopin, e mi addormentavo all'istante.

Chopin mi fa lo stesso effetto ancora adesso.

The car jolts to a stop and wakes me up. "Come on, sleepyhead. We're here." The snow covers part of the driveway, but a path is cleared up to our small house. The next house is a few miles down the road.

Papa wanted to live outside the city because he said nature helped him create. Fortunately, Mama didn't care where she lived. I rub my eyes, yawn, and then stretch as I get out of the car.

My feet slip on a patch of ice, and I cling to the door. My heart hammers. Accidents. Stupid accidents happen all the time.

"You okay there, Natoushka?"

"Fine." I press my lips together, taking another step but still holding on to the car.

"Come on, let me help you." He tucks his hand under my elbow, and we slowly make our way to a spot that seems safe. We walk up to the house and Papa pushes the door open. Warmth engulfs me. There's a fire in the living room and soft music is playing in the background. Chopin again, but this time his *Preludes*.

"Mama!" I kick off my shoes and shimmy out of my coat. "Mama!" I run upstairs.

"Natoushka, wait!" Papa yells after me, but I don't listen.

L'auto si ferma improvvisamente e mi sveglio. "Su, dormigliona. Siamo arrivati." La neve ricopre parte del vialetto, ma un pezzo è stato ripulito in modo da poter arrivare alla casetta. L'abitazione più vicina si trova a qualche chilometro di distanza.

Papà ha voluto vivere fuori città perché sosteneva che la natura aiutasse la sua creatività. Per fortuna, a mamma non importava dove abitare. Mi strofino gli occhi, sbadiglio, e mi stiracchio uscendo dalla macchina.

Scivolo su una lastra di ghiaccio e mi aggrappo alla portiera per non cadere. Il cuore mi martella nel petto. Incidenti, stupidi incidenti di continuo.

"Tutto bene, Natoushka?"

"Sì." Stringo le labbra e faccio un altro passo, ma senza lasciare la portiera.

"Vieni, ti aiuto." Mi prende sottobraccio e lentamente ci spostiamo verso una zona che non sembra scivolosa. Arriviamo fino alla porta di casa e papà la apre. Il calore mi travolge. C'è il fuoco acceso in sala e una musica leggera in sottofondo, ancora Chopin, ma stavolta i Preludi.

"Mamma!" Mi tolgo scarpe e cappotto in fretta e furia e corro su per le scale. "Mamma!"

"Natoushka, aspetta!" mi grida papà, ma non lo sto a sentire.

"I said I'll be down in a minute." Mama's voice has an edge to it, and I back away slowly, feeling like someone punched me in the stomach. She's probably been drinking, and again, I'm reminded what place I have in her life . . . None.

I trudge back downstairs. Papa's waiting for me, frowning. "She's not doing well. I told you she's sick," Papoushka says. If I didn't know better, I might believe him.

Mama's true love is vodka. It's also her most toxic relationship. Sometimes she proudly drinks herself to total oblivion in front of friends, joking that she can hold her own, saying it comes from her Russian heritage, but most of the time she hides her dirty secret, drinking when no one can see her, drinking so she can function, drinking until she crashes. I didn't realize how bad it had gotten. Usually, Papa kept me busy whenever she was having a down moment. He would play Chopin on his old piano, he would ask me to help him cook *pelmeni*—ravioli-like bundles of dough with meat and onions inside. My favorite kind has mushrooms and mashed potatoes in them. He would take me for a walk by the water, or he would insist it was okay for me to spend hours on the phone with Becca or rehearsing at the local studio.

"I'll go practice upstairs for a while," I tell him.

"Natoushka." He holds his hand out, but I shake my head.

"Vengo subito," la voce di mamma non suona normale, e indietreggio lentamente, sentendomi come se qualcuno mi avesse dato un pugno nello stomaco. Probabilmente ha bevuto, e ancora una volta mi rendo conto dell'importanza che ho io nella sua vita: nessuna.

Mi trascino al piano di sotto. Papà mi sta aspettando, la fronte aggrottata.

"Non sta bene, è malata, te l'ho detto," mi dice. Se non sapessi come stanno realmente le cose, potrei anche credergli.

Il vero amore della mamma è la vodka, ed è anche la relazione più deleteria che ha.

A volte beve sfacciatamente fino all'oblio totale davanti agli amici, dicendo che è per via delle sue origini russe; ma la maggior parte del tempo nasconde il proprio segreto e beve quando nessuno la vede, beve per andare avanti, fino a che non collassa. Non mi ero accorta di quanto fosse peggiorata. Di solito, quando mamma stava passando un brutto momento, papà cercava di tenermi occupata. Suonava Chopin sul suo vecchio pianoforte a coda, mi chiedeva di aiutarlo a cucinare i *pelmeni*, una specie di ravioli ripieni di carne e cipolla – anche se i miei preferiti sono ripieni di funghi e purè di patate – oppure mi portava a fare una passeggiata sul lago, o ancora mi incoraggiava a passare ore al telefono con Becca o ad andare in palestra a provare.

"Vado su ad allenarmi un po'," gli dico.

"Natoushka." Solleva una mano, ma io scuoto la testa.

"I'll be dancing."

This is what I do when the pain becomes too much, when the knowledge that my own mother doesn't care about me makes it hard to breathe. I dance.

Upstairs, I stretch my muscles to the music Papa plays down below. The notes he's creating from the piano are the saddest I've ever heard.

He plays "The Farewell Waltz" from Chopin again and again. And for the first time, I'm afraid that even though my father loves my mom, she may have gone too far.

"Vado su a ballare."

È quello che faccio quando il dolore diventa troppo forte, quando la consapevolezza del fatto che a mia madre non importa di me mi rende difficile anche solo respirare. Danzo.

Di sopra, faccio stretching sulla musica che papà sta suonando al piano di sotto. Le note che sta tirando fuori dal suo piano sono le più tristi che abbia mai sentito.

Suona il "Valzer dell'Addio" di Chopin, ancora e ancora. E per la prima volta ho paura che anche se mio padre ama mia madre, lei potrebbe aver tirato troppo la corda.

March 19th, 11 a.m.

I ENTER THE AUDITION room with my head high.

The director of the school smiles to the other judges. "Here's our first student, Natalya Pushkaya, the daughter of Katya Pushkaya." I'm not sure he says this so that everyone knows exactly who I am or because he's trying to remind me that I need to be at least as good as my mother. His eyes bore into mine. "Natalya, are you ready?"

I nod, not trusting my vocal cords. The director raises one finger to the technician. My heart pounds in my ears until I hear the first notes.

The music pulls me into the story and the audience is no longer there. I'm Aurora, and I bow to my suitors, energy extending to my fingertips. I turn away, suddenly shy, but butterflies flutter in my stomach. I can look for love. Love can be real and I have the world in front of me. I tap my toe and extend my back leg, and then turn into a pirouette.

One turn.

Two turns.

Three turns.

I pause, inhale and exhale, and wait for the music to change.

19 marzo, ore 11

ENTRO NELLA SALA DELL'AUDIZIONE a testa alta.

Il direttore della scuola sorride agli altri giudici. "Lei è la nostra studentessa migliore, Natalya Pushkaya, la figlia di Katya Pushkaya." Non so se sta dicendo questo per informare gli altri su di me o perché vuole ricordarmi che dovrò essere brava almeno quanto mia madre. I suoi occhi si posano sui miei. "Natalya, sei pronta?"

Annuisco, non fidandomi delle mie corde vocali. Il direttore solleva un dito in direzione del tecnico audio. Il cuore mi batte forte nelle orecchie, finché non sento le prime note.

La musica mi trascina dentro la storia e il pubblico non esiste più. Io sono Aurora, e mi inchino ai miei pretendenti, l'energia che mi scorre fino alla punta delle dita. Mi volto, improvvisamente timida, con le farfalle nello stomaco. Posso cercare l'amore. L'amore può essere reale, e ho tutto il mondo davanti a me. Do un colpetto a terra con l'alluce e stendo la gamba all'indietro, e poi inizio a girare in una pirouette.

Un giro.

Due giri.

Tre giri.

Mi fermo, inspiro ed espiro, in attesa che la musica cambi.

As soon as it does, I retreat to the darkest place inside myself, to the part of me no one knows, the part that feels empty and lost, that misses her babushka so much that it hurts *not* to cry, but that knows crying would destroy her.

Everyone has a dark place they keep hidden most of the times.

No one is only made of sunshine; even those people smiling or laughing all the time have memories that hurt them and people they miss. Being happy doesn't mean never being sad.

My movements grow heavier. My eyes drift closed, and when I open them, I see darkness around me.

I finish this segment of the dance, almost in tears.

I bow. My entire body pulsates, my heart hammers, and when I look at the judges, I hear my mother's name and the words *at least as talented.*

I'm about to burst with pride, but instead of doing a small jump, the end of my performance lingers in my mind. I bite the inside of my cheek, grounding myself in the present.

The judges nod politely and take a few notes. Maria, the former dancer from the American Ballet Company, gives me a thumbs-up while the other judges deliberate.

"Thank you," I say.

"Our decision will be posted on the wall on Monday," the director says. Then he clears his throat. "But you know, Natalya, make sure you rest this weekend. You'll need it in the next few weeks."

Appena lo fa, mi ritraggo nel luogo più oscuro che ho dentro, la parte che nessuno conosce, la parte che mi fa sentire vuota e smarrita, che mi fa pensare a quanto mi manchi la mia *Babushka* e a quanto mi faccia male *non* piangere, e che sa che piangere mi distruggerebbe.

Tutti hanno un luogo simile che tengono nascosto per quasi tutto il tempo.

Nessuno è fatto solo di luce, anche coloro che sembrano sempre allegri hanno ricordi che fanno male e persone di cui sentono la mancanza. Essere felici non significa non essere mai tristi.

I miei movimenti si fanno più pesanti. Gli occhi si chiudono, e quando li riapro intorno a me c'è oscurità.

Termino il segmento del balletto quasi in lacrime.

Mi inchino. Il mio intero corpo pulsa, il cuore mi martella nel petto, e quando guardo i giudici sento pronunciare il nome di mia madre e le parole *quasi lo stesso talento*.

Sono sul punto di esplodere per l'orgoglio, ma invece di mettermi a saltellare continuo a pensare a come ho terminato la mia performance. Mi mordo il dentro di una guancia, restando ben ancorata al presente.

I giudici annuiscono in maniera gentile e prendono qualche appunto. Maria, l'ex ballerina dell'American Ballet Company, mi mostra il pollice mentre gli altri prendono una decisione.

"Grazie," dico.

"Troverai l'esito affisso in bacheca lunedì prossimo," dice il direttore, poi si schiarisce la voce. "Natalya, cerca di riposarti questo weekend. Ne avrai bisogno nelle prossime settimane."

"I will," I say. My brain is going through all the possible hidden meanings of this statement. Either I'll need to practice because I sucked or I am getting an important role. Maybe *the* role.

Only three more days until I find out.

Svetlana opens the door of the audition room and ushers me out.

My heart does little energetic *pas chassés* and I'm so excited that I skip down the hall as soon as the door closes behind me. I almost run into Emilia, who's biting the skin around her nails.

"You did great, didn't you? I can't believe I'm going after you. Right after the best student at school. I'm doomed!" She sighs and then smiles, but it doesn't reach her eyes. "I'm happy for you. But you know, I just want to be first for once." She pauses and then turns away, muttering. "First somewhere. I'm not first anywhere, not with my parents, not with him. Not here."

She sniffles.

"You'll do fine," I tell her. "You're going to be amazing. If I'm threatened by anyone, it's you."

And it's half-true. I am afraid of her being chosen instead of me. She doesn't have the passion, but she has the technique, and her mom was a big donor to the school. Mine's a celebrity in her own right, but never threw money at the board.

"Lo farò," replico. Il mio cervello analizza tutti i possibili significati nascosti di questa frase. Forse dovrò allenarmi di più perché ho fatto schifo, oppure otterrò una parte importante. Magari *la* parte.

Solo tre giorni e lo scoprirò.

Svetlana apre la porta della sala e mi accompagna fuori.

È come se il cuore stesse facendo dei piccoli, energetici *pas chassés*, e sono così euforica che percorro tutto il corridoio a saltelli non appena la porta mi si richiude alle spalle. Vado quasi a sbattere contro Emilia, che si sta mordicchiando le pellicine intorno alle unghie.

"È andata benissimo, vero? È assurdo essere dopo di te, cioè, proprio dopo la migliore allieva della scuola. Il mio destino è segnato!" Sospira e poi sorride, ma non con gli occhi. "Sono contenta per te. Ma, capisci, per una volta vorrei essere la più brava." Fa una pausa, poi si volta e riprende a mormorare. "La più brava in qualcosa. Non sono brava in nulla, né coi miei, né con lui, né qui."

Tira su col naso.

"Andrà bene," le dico. "Sarai *bravissima*. Se c'è qualcuno di cui mi dovrei preoccupare, quella sei tu."

Ed è quasi vero. Ho paura che lei venga scelta al posto mio. Non ha una gran passione, ma ha la tecnica, e sua madre ha donato molti soldi alla scuola. La mia è una celebrità, certo, ma di sicuro non dà soldi a nessuno.

I squeeze her hand. "Look at me." I pause until our gazes lock. "You worked hard for this. You performed the routine perfectly yesterday. Just let yourself go."

"What do you mean?"

"Stop overthinking the routine. *Feel* it. Feel every movement. When you dance, pretend Nick's the only one watching you."

"Nick? You really want me to fail, don't you?" She laughs, but her eyes sparkle at the idea and I know I'm right.

"You want *him* to wake you up with a kiss. You want to live every moment of the kiss, you want everyone to feel the way you do. Show them how you feel!"

"Emilia," Svetlana calls.

"You can do it. I mean it. Do you want me to wait for you?"

She shakes her head. "No. Go. I'll be fine. Thank you." She walks to the entrance, her head high and her shoulders back.

And like we do before any big event, I call out what many ballerinas around the world use instead of the ill-fated *break a leg*. "Merde!"

She doesn't turn back to me.

Le stringo la mano. "Guardami." Non parlo finché i nostri sguardi non si incrociano. "Hai lavorato sodo, e ieri sei stata perfetta alle prove. Lasciati andare."

"Cosa vuoi dire?"

"Smetti di rimuginare sui passi. *Sentili.* Senti ogni movimento. E quando balli, fai finta che a guardarti ci sia solo Nick."

"Nick? Vuoi che sbagli tutto?" Ride, ma i suoi occhi brillano al pensiero e io so di aver ragione.

"Vuoi che sia *lui* a svegliarti con un bacio. Vuoi vivere ogni attimo, di quel bacio, e vuoi che tutti provino quello che provi tu. Fagli vedere i tuoi sentimenti."

"Emilia," la chiama Svetlana.

"Puoi farcela. Dico sul serio. Vuoi che ti aspetti qui?"

Scuote la testa. "No, vai pure. Non importa. Grazie mille." Si dirige verso la sala, la testa alta e le spalle dritte.

Come facciamo sempre prima di una prova importante, le grido la parola che molte ballerine in tutto il mondo usano al posto dello sfortunato *in bocca al lupo*. "Merde!"

Lei non si volta.

March 20th, 5 p.m.

I HAVEN'T SEEN MAMA all day, even during lunch. Papa tried to distract me with conversation about school and the new piano piece he's working on, but sometimes his eyes would focus on the stairs as if she'd magically appear. He's been playing the piano for a good part of the afternoon, and I've been upstairs in my room rehearsing.

This hasn't been the weekend I imagined. At all.

It's been so long since I spent time at home. I really believed that at least we would have dinner together, that maybe we'd cuddle on the couch and watch a movie, that Mama would ask me about my audition, that we would go on a walk like we did when I was younger and was obsessed with finding the perfect leaves to draw.

"Zatknis!" I hear Papa shout from downstairs. I startle. It means "shut up" in Russian and I've only heard him swear twice before: once when he lost the bid to compose a soundtrack and again when Becca's parents dropped a bucket of water on him at the lake. I leave my music on, hoping my parents won't hear me coming down the stairs. Something shatters on the floor, and a door slams. Now they're in the study, and they're screaming at each other in a mixture of English and Russian, their voices muffled so I can't understand what they're saying.

20 marzo, ore 17

NON HO VISTO MAMMA in tutto il giorno, nemmeno a pranzo. Papà ha cercato di distrarmi parlando della scuola e del nuovo pezzo su cui sta lavorando, ma di tanto in tanto il suo sguardo si posava sulle scale, come se si fosse aspettato di vederla comparire da un momento all'altro. Adesso sta suonando il piano da qualche ora, e io sono in camera mia a provare.

Questo weekend non è stato come immaginavo. Per niente.

Era passato così tanto tempo dall'ultima volta che ero stata a casa, e credevo davvero che avremmo almeno cenato tutti insieme, magari ci saremmo seduti stretti stretti sul divano a guardare un film, mamma mi avrebbe chiesto dell'audizione, e avremmo fatto passeggiate come quando ero piccola e mi interessava solo trovare la foglia perfetta da ridisegnare.

"Zatknis!" sento papà urlare al piano di sotto. Trasalisco. Significa "sta' zitta" in russo, e io ho sentito papà imprecare solo due volte nella mia vita: quando perse un concorso per comporre una colonna sonora e quando i genitori di Becca gli rovesciarono addosso un secchio pieno d'acqua, al lago. Lascio accesa la musica, sperando che i miei genitori non mi sentano scendere le scale. Sento il rumore di qualcosa che va in pezzi e di una porta che sbatte. Adesso sono entrambi nello studio e si urlano addosso in un misto di inglese e russo, le voci ovattate che mi impediscono di capire cosa dicono.

The doors flies open, and Mama's eyes widen when she sees me. "Natoushka," she whispers. Her hand hovers in the air, as if she wants to touch my cheek or pull me close to her. But instead, she sighs and goes back to her bedroom without a word. There's a shuffle, and sound of a dresser opening.

Papa's still in the study.

"Papoushka," I say.

He's holding a picture of the family at Christmas two years ago. The picture was taken right after eating my babushka's famous vinegret—iced boiled beet roots, potatoes, carrots, chopped onions, and sauerkraut. We'd convinced Babushka to stay with us for two weeks. Yuri had come down from the city with his girlfriend at the time, Tawna. Everyone's laughing in the picture.

"Papoushka," I repeat.

"Everything's fine, Nata. Everything's okay." But his shoulders are slumped and he continues to stare at the picture. "It's okay."

Mama stumbles down the stairs with her suitcase.

My eyes dart from him to her. She pauses at the door, and my heart's screaming for him to stop her. He's always the reasonable one. He's always the one making sure they keep it together. But he doesn't say a single word.

"Mama?" I call, hoping against all odds that she'll stop and listen to me.

La porta si apre di colpo e gli occhi di mamma si spalancano nel vedermi. "Natoushka," sussurra. La sua mano si solleva come se volesse toccarmi la guancia o stringermi a sé, invece sospira e torna in camera sua senza dire una parola. Sento rumore di passi strascicati e di un cassetto che si apre.

Papà è ancora nello studio.

"Papoushka," dico.

In mano ha una foto della famiglia a Natale scattata due anni fa. La foto è stata fatta subito dopo aver mangiato la famosa vinegret della mia baboushka: barbabietole bollite, patate, carote, cipolla e crauti. Avevamo convinto la nonna a restare da noi per due settimane, e c'era anche Yuri con la sua fidanzata dell'epoca, Tawna. Nella foto tutti stanno ridendo.

"Papoushka," ripeto.

"Va tutto bene, Nata. Tutto bene." Ma ha le spalle curve e continua a fissare la foto. "Tutto okay."

Mamma arranca giù per le scale con la valigia.

I miei occhi passano dall'uno all'altro. Lei si ferma sulla porta, e il mio cuore grida a lui di farla restare. Lui è sempre quello ragionevole, quello che fa in modo che le cose vadano per il verso giusto. Stavolta non dice una parola.

"Mamma?" la chiamo, sperando che contro ogni previsione si fermi e mi ascolti.

When she does stop and turns around, I hold my breath. I take a step forward, but Papa slams the picture down on the shelf, and in a voice of steel, says, "Zatknis, Katya."

Mama flinches and then hurries out the door.

A car honks. Out the window, I see a cab in front of the house; Mama disappears into it. At least she doesn't intend to drive; the way she swayed as she stood didn't look too good.

"What happened?" I ask Papa. "And *don't* tell me it's fine."

"We had a fight, but nothing to worry about. I'll make us something for dinner."

"Mama just *left*. She packed a suitcase and left, and you want to stay here and eat dinner? I know she's not easy, and I know the way she treats you is wrong, but you never let her go like this before!"

"It's only for a few days. Until we both calm down."

"What if she drinks too much?"

"She'll be fine."

There's glass from a shattered vase on the floor, probably what I heard earlier. Books are scattered on the floor, and the lines around Papa's eyes look deeper. He looks like he's aged ten years in ten minutes.

He softly touches my cheek. "It's got nothing to do with you, my Natoushka. Sometimes people just need some time apart."

Quando si ferma per davvero e si volta, trattengo il respiro. Faccio un passo avanti, ma papà sbatte la fotografia sul tavolo, e con una voce d'acciaio dice: "*Zatknis*, Katya."

Mamma sbatte le palpebre e poi esce in fretta.

Un'auto frena. Dalla finestra, vedo un taxi davanti casa e mamma che vi sparisce dentro. Almeno non ha intenzione di guidare, il modo in cui oscillava mentre stava in piedi non era affatto rassicurante.

"Cos'è successo?" chiedo a papà. "E non dirmi che va tutto bene."

"Abbiamo litigato, ma niente di grave. Faccio qualcosa per cena."

"Mamma è *andata via*. Ha fatto la valigia e se n'è andata, e tu vuoi stare qui a preparare cena? So che ha un caratteraccio e che non ti tratta bene, ma non l'hai mai lasciata andar via così!"

"È solo per qualche giorno, finché non ci calmiamo tutti e due."

"E se bevesse troppo?"

"Starà bene."

C'è un vaso di vetro a terra in mille pezzi, probabilmente il rumore che ho sentito prima. Ci sono anche dei libri sparsi sul pavimento, e le occhiaie di papà sembrano più profonde che mai. Sembra invecchiato di dieci anni in dieci minuti.

Mi tocca la guancia dolcemente. "Tu non c'entri, Natoushka. A volte le persone hanno bisogno di stare lontane per un po'."

"Are . . . are you going to stay together?"

"No matter what we decide, I want you to know that we both love you. It has nothing to do with you."

"But—"

"No more questions, Natoushka." He runs his finger over the picture he held earlier, clears his throat, and then strides out of the room. I pick up the photo. My dad's arm is around my mom and she's leaning into him.

When did my family start falling apart?

"Ma... ma rimarrete insieme?"

"Non importa cosa decidiamo, voglio che tu sappia che ti vogliamo bene. Tu non c'entri niente."

"Ma..."

"Basta domande, Natoushka." Passa l'indice sopra la fotografia, si schiarisce la gola e poi esce dalla stanza a grandi passi. Sollevo la foto. Il braccio di mio padre cinge mia madre e lei si sta appoggiando a lui.

Quando ha iniziato ad andare tutto in pezzi?

March 19th, 6 p.m.

UNCLE YURI PICKS ME up on time, as usual. He only uses his chauffeur when we're going to Delmonico's from the School of Performing Arts because getting cabs at this hour is insane and taking the subway would take forever.

"Hi, future star," he says as I step in. I settle into the car's leather backseat and smile at the scent of his cologne in the air. He looks tired, but his smile still wrinkles in his Pushkaya eyes, as he calls them. Mama's eyes are also blue, but much, much lighter, almost transparent.

"Don't jinx it," I reply. He squeezes my shoulders.

"I'm sure you did amazing, and you know what we're celebrating today, right?"

"What?"

"The fact that you worked so hard and that you did your best! We'll be proud of you no matter what."

I nod. Spending time with Uncle Yuri is always a mixture of feeling like I'm with Papa because they look and sound so alike and feeling like I'm with a good friend who always finds a way to make me laugh. Yuri is only two years younger than Papa, but he has a carefree attitude that Papa no longer has.

19 marzo, ore 18

LO ZIO YURI È VENUTO a prendermi in orario, come sempre. Si serve dell'autista solo quando dalla scuola di Discipline dello Spettacolo andiamo da Delmonico's, perché prendere un taxi a quest'ora è da pazzi e con la metropolitana ci metteremmo secoli.

"Ciao, futura star," mi dice mentre salgo in macchina. Mi siedo sul sedile in pelle e sorrido avvertendo nell'aria il profumo della sua colonia. Sembra stanco, ma sorride lo stesso e riempie di rughe il contorno dei suoi "occhi da Pushkaya", come li chiama lui. Anche gli occhi di mamma sono azzurri, ma molto, molto più chiari, quasi trasparenti.

"Non gufarmela," rispondo. Lui mi stringe una spalla.

"Sono sicuro che sei stata bravissima, e sai cosa festeggiamo oggi, vero?"

"Cosa?"

"Che hai lavorato sodo e fatto del tuo meglio. Siamo orgogliosi di te, non importa come andrà a finire."

Annuisco. Passare il tempo con lo zio Yuri mi fa sentire un po' come se fossi con papà, perché si assomigliano tantissimo sia fisicamente sia nel modo di parlare, e anche come se fossi con un caro amico che riesce sempre a trovare il modo di farmi sorridere. Yuri è più giovane di papà di soli due anni, ma ha una spensieratezza che papà ha perso da tempo.

His phone rings. "Hi, Mona. What's up in Montana? Have you caught a cowboy yet?" He laughs. Mona and Uncle Yuri had been sort-of dating, but he didn't want to be tied down.

I watch the city through the window, my audition dancing circles in my mind.

Maybe I should have smiled more. Or maybe less. Maybe I should have given more power to my pirouette. Maybe I should have extended my arms higher above my head when I jumped into a *grand jeté*, flying up in the air.

He nudges me. "You did great, I'm sure. Stop thinking about it. How about I tell you about the latest drama in my building instead?"

Uncle Yuri always tells me stories about the people who live in his building. This time he tells me about a lady who's about ninety years old; he's convinced she used to be a spy.

It's probably only his imagination. We love to play the what-if game when watching people.

"What if she was a spy and used to be a ballerina as a cover-up?" I suggest.

Uncle Yuri tilts his head to one side. "No ballerina stories this evening. You need to relax."

I shrug, knowing too well that it will be hard for me to talk about anything else when I'm still pulsing from the audition. The car stops in front of Delmonico's.

"Come on, let's go," my uncle says.

Il suo cellulare squilla. "Ciao, Mona. Come va nel Montana? Hai già acchiappato un cowboy?" Ride. Mona e lo zio Yuri si sono frequentati per un po', ma lui non vuole legarsi a nessuno.

Osservo la città dal finestrino, con le immagini dell'audizione che mi danzano in cerchio nella testa.

Forse avrei dovuto sorridere di più. O forse di meno. Forse la mia pirouette non era abbastanza potente, forse avrei dovuto estendere di più le braccia durante il *grand jeté*, mentre ero in aria.

Lo zio mi dà un colpetto col gomito. "È andata bene, stai tranquilla. Non ci pensare più. Ora ti racconto gli ultimi sviluppi del condominio."

Lo zio Yuri mi racconta sempre delle storie sulla gente che abita nel suo condominio. Stavolta mi parla di una signora di circa novant'anni, che secondo lui è sicuramente una ex spia.

Probabilmente se lo immagina e basta, ma ci piace molto immaginare storie osservando le persone.

"E se fosse stata una spia e avesse fatto la ballerina come copertura?" suggerisco io.

Lo zio inclina la testa di lato. "Niente storie di ballerine, stasera. Ti devi rilassare."

Mi stringo nelle spalle, sapendo bene che per me sarà difficile parlare di qualcos'altro visto che sono ancora agitata per l'audizione. La macchina si ferma di fronte a Delmonico's.

"Dai, andiamo," dice mio zio.

The maître d' takes us to my uncle's favorite table, the one in the corner. We have to walk through the entire room to get there. Yuri, as always, shakes a few hands, pats a few backs, and offers a few compliments on the way before we sit down.

We order our usual dishes: a Delmonico steak with garlic-herb whipped potatoes and a side of roasted onions and wild mushrooms for Yuri, and a filet mignon with grilled asparagus for me.

"Are you going to stay in the city this summer?" Uncle Yuri asks. He sips a glass of red wine while I enjoy my Shirley Temple. "You know you can stay with me if you do. Do your dorms even have AC?"

My lips pull into a smile. He always worries that my school isn't providing me with enough comfort. He doesn't realize that I don't have *time* for comfort. It's all about work.

"I'm not sure yet. Papa said he'd like to go back to New Jersey, even if Babushka isn't . . ." I swallow through the lump in my throat. Talking about my grandmother is still difficult. "I think he wants to make sure I get to spend some time with Becca. And Mama with Becca's mom. Whenever we're there, she seems more relaxed."

"That sounds good." Yuri takes another sip and then sits back in his chair. "How is Emilia doing?"

We talk about everything—his job as a lawyer, the movie he wants to take me to in two weeks, how we both look forward to spring. In the back of my mind, though, I can't help wondering about the auditions and the upcoming weekend at my parents' house.

Il cameriere ci porta al suo tavolo preferito, quello nell'angolo. Dobbiamo attraversare tutta la sala per arrivarci. Yuri, come sempre, stringe qualche mano, dà qualche pacca sulle spalle, ed elargisce qualche complimento prima di andare a sedersi.

Ordiniamo i soliti piatti: per Yuri una bistecca Delmonico con purè di patate all'aglio e alle erbe, con contorno di cipolle arrosto e funghi selvatici, e per me un filet mignon con asparagi alla griglia.

"Rimani in città quest'estate?" mi chiede mio zio. Sorseggia il suo vino rosso, mentre io ho ordinato un cocktail analcolico. "Lo sai, puoi stare da me. C'è almeno l'aria condizionata nei vostri dormitori?"

Gli angoli delle mie labbra si sollevano in un sorriso. Si preoccupa sempre che a scuola non ci siano abbastanza comodità, ma non si rende conto che non c'è *tempo* per le comodità. Devo lavorare, e basta.

"Non lo so ancora. Papà dice che vorrebbe tornare nel New Jersey, anche se Babushka non..." Deglutisco, all'improvviso con un groppo in gola. Parlare di mia nonna per me è ancora difficile. "Credo che voglia che io passi un po' di tempo con Becca, e mamma con la madre di Becca. Quando siamo lì, lei sembra sempre più tranquilla."

"Sembra un buon piano." Yuri beve un altro sorso di vino, poi si appoggia allo schienale. "Come sta Emilia?"

Parliamo di tutto, del suo lavoro come avvocato, del film che vuole portarmi a vedere tra due settimane, di come entrambi non vediamo l'ora che sia primavera. Dentro di me, però, sto ancora pensando all'audizione e al weekend che mi aspetta a casa dei miei genitori.

I decline the offer of dessert, but it's tough to say no. Especially when I can practically taste the apricot jam and banana gelato of their classic Baked Alaska walnut cake melting on my tongue. But if I wanted dessert, I should have had a salad, not the filet mignon.

Uncle Yuri orders an espresso and clears his throat. "So, what's wrong?"

My head snaps up. "What do you mean?" I try to sound surprised, but my voice is too low.

"You've been playing with your necklace almost all evening."

"Huh?"

"Whenever you're stressed about something, or you're sad, you can't stop playing with your necklace." He smiles. "You'd be a terrible poker player."

"Have you played poker recently?" I ask, trying to redirect the conversation to safer topics.

"Don't change the subject." He sighs. "Are you still worried about the auditions? Because I already told you, Nata: you did your best. You work all the time, you aim for perfection, and every single time I see you on stage, I am amazed at how easy you make it all seem."

I swallow the lump in my throat. Why can't Mama say this to me?

Non ordino un dessert, anche se avrei voluto, soprattutto perché riesco quasi a sentire il sapore della marmellata di albicocche e del gelato alla banana di una delle loro famose torte alle noci. Ma se avessi voluto il dolce avrei dovuto prendermi un'insalata, non il filet mignon.

Lo zio Yuri ordina un espresso e si schiarisce la gola. "Allora, che c'è che non va?"

Sollevo la testa di scatto. "Che vuoi dire?" Cerco di sembrare sorpresa, ma il tono della mia voce resta troppo basso.

"Stai tormentando la collanina da quasi tutta la sera."

"Eh?"

"Lo fai sempre quando sei stressata o triste per qualcosa." Sorride. "Saresti una giocatrice di poker tremenda."

"Hai giocato a poker ultimamente?" chiedo, cercando di spostare la conversazione su argomenti meno insidiosi.

"Non cambiare discorso." Sospira. "Sei ancora preoccupata per l'audizione? Te l'ho detto, Nata: hai fatto del tuo meglio. Lavori tantissimo, cerchi sempre la perfezione, e ogni singola volta che ti vedo sul palco resto sbalordito perché riesci a far sembrare facili anche i passi più complicati."

Deglutisco a fatica. Perché non può dirmele anche mamma, queste cose?

My uncle covers my hand with his and gives me a gentle pat before taking another sip of his espresso. "Come on, talk to me, Natoushka."

I take a deep breath, release it, and then clutch my necklace.

"I don't want to go back home this weekend. I mean, I want to. I want to see them. And I have this picture in my mind of how it's supposed to be. Like Mama promised she'd come and pick me up at the airport, and maybe we'll do something all together, like spend some time at the seashore." I love walking by the water when it's still cold outside and the tourists aren't there yet. I let go of my necklace and then squeeze it again. "But I don't want to go home just to be ignored. Mama rarely pays attention to me. And Papa always seems so sad."

"Sad?" Uncle Yuri frowns.

"Like something's off. Maybe I'm losing it because I haven't slept that well for the past few weeks, but when I talked to him before the audition, he sounded . . ." I search for the right word, but it doesn't come to mind. I shrug. "Off. He sounded off."

"And your mom?"

"Mama didn't really talk. I think she was crying, but I can't be sure. She said she had a cold and that that was why she was sniffling, but I'm pretty sure she was crying." I pause. "Maybe I should just stay here this weekend."

Mio zio mi prende la mano per darmi una pacca affettuosa, prima di prendere un nuovo sorso di caffè. "Dai, Natoushka, parlamene."

Inspiro profondamente, poi espiro e stringo forte la collanina.

"Non voglio andare a casa questo weekend. Cioè, sì, voglio andarci e voglio vederli. Mi sono fatta tutta un'idea di come voglio che vada, tipo che mamma verrà a prendermi all'aeroporto come ha promesso e che faremo qualcosa tutti insieme, magari andremo al mare." Adoro camminare vicino all'acqua quando fa ancora freddo e non ci sono turisti. Lascio andare la collanina, poi la stringo di nuovo. "Ma non voglio andare a casa per essere ignorata. Mamma mi considera pochissimo, e papà sembra sempre così triste."

"Triste?" Lo zio Yuri aggrotta le sopracciglia.

"Come se fosse spento. Forse è una mia impressione perché negli ultimi tempi dormo troppo poco, ma quando ho parlato con lui prima dell'audizione mi è sembrato..." Cerco la parola giusta, ma non arriva. Mi stringo nelle spalle. "Spento. Mi è sembrato spento."

"E tua madre?"

"Mamma non mi ha parlato molto. Penso che stesse piangendo, ma non sono sicura. Mi ha detto che aveva il raffreddore e per questo tirava su col naso, ma secondo me piangeva." Faccio una pausa. "Forse dovrei rimanere qui, questo weekend."

Yuri sits back in his chair and rubs the back of his neck with one hand. That's *his* tell, the one that says he's worried about something but trying his best to not let it show. That's how he looks right before a big case, or before any of my recitals. He's always telling me to live life, but he also tells me I need to be careful not to hurt myself when dancing.

People don't realize how dangerous ballet can be: flying in the air in a *grand jeté*, making everyone believe in a story. If a ballerina does her job correctly, all movements will look easy and flawless; the hours spent behind the barre rehearsing cannot show.

Last year, two girls had to leave the school for months because of injuries: one didn't land a jump correctly and hurt her Achilles tendon, and the other had a total burnout because she couldn't handle the pressure.

My uncle still hasn't answered, and I clutch my necklace again. "What do you think? Should I go?"

"Were you looking forward to seeing them?"

"Yes," I whisper. Because even though it's not always easy, I do miss them. And maybe this will be the weekend we end up reconnecting.

Yuri's lips turn up into a tiny smile, one that doesn't wrinkle his eyes. He doesn't say another word, though.

"I do want to see them," I continue, talking to him as well as myself. "Okay. I'll go. Everything's already set up and maybe I'm imagining things."

"What time is your flight tomorrow?"

"Nine a.m. from JFK."

Yuri si appoggia allo schienale e si gratta la nuca. Questo è un *suo* modo di fare, quello che dice che è preoccupato per qualcosa ma cerca di non darlo a vedere. Fa così prima di una causa importante o uno dei miei spettacoli. Mi dice sempre di godermi la vita, ma mi dice anche di stare attenta a non farmi male quando ballo.

La gente non si rende conto di quanto pericoloso possa essere ballare: librarsi in aria in un *grand jeté* per rendere partecipe qualcuno di una storia. Se una ballerina lavora bene, tutti i movimenti sembrano facili e perfetti; le ore passate alla sbarra a provare non si vedono minimamente. L'anno scorso due ragazze hanno dovuto lasciare la scuola per infortunio: una non ha concluso un salto correttamente e si è fatta male al tendine d'Achille, l'altra ha avuto un brutto esaurimento per via dello stress.

Mio zio non ha ancora risposto, e io stringo di nuovo la collanina. "Che ne pensi, dovrei andarci comunque?"

"Tu li vorresti vedere?"

"Sì," dico in un sussurro. Anche se non è sempre facile, loro mi mancano. E magari questo sarà il weekend in cui ci riconcilieremo.

Le labbra di Yuri si sollevano in un minuscolo sorriso, così leggero che le rughe intorno ai suoi occhi non appaiono. Non dice nient'altro.

"Voglio vederli," continuo, parlando a lui e anche a me stessa. "Okay, ci andrò. È già tutto organizzato, e forse immagino troppe cose."

"A che ora hai il volo domani?"

"Alle nove di mattina, dal JFK."

"I'll take you there if you want. I only have to be in court later in the day."

"Okay."

"Let's get you back to school."

When we step out, snow flurries dust the sidewalk. I tilt my head and let out a sigh. "I love the snow, but it needs to stop so I can leave tomorrow," I say. I turn to look at Yuri. "Can you drop me off at the West 72nd Street entrance to the park?"

"Why not all the way to school? It's getting dark. I don't want you walking all by yourself."

"I'll be fine from there. I want to walk a bit."

"With the snow? You said you had enough of it." "I do, but at the same time, there's nothing like fresh snow in Central Park. And it's only a ten-minute walk from the west entrance. I'll be fine."

"All right. But you text me as soon as you get back to the dorms."

In the car, we don't talk much. Yuri frowns as if he wants to tell me something but isn't sure it's the right time. That's the face he had when Babushka passed away. My parents asked him to bring me home so they could tell me. She died all alone.

I swallow the tears that build up in the back of my throat whenever I think about how I wasn't there for her. I only called her once in a while. I took her for granted.

Mama always said that dancing requires sacrifices. I just never thought she also meant sacrificing people.

"Ti accompagno io, se vuoi. Devo essere in tribunale nel pomeriggio."

"Okay."

"Dai, ti riporto a scuola."

Quando usciamo, ci sono fiocchi di neve sul marciapiede. Inclino la testa di lato e lascio uscire un sospiro. "Mi piace la neve, ma spero proprio che non nevichi domani," dico e mi volto verso Yuri. "Puoi lasciarmi sulla Settantaduesima, all'ingresso ovest del parco?"

"Perché non direttamente a scuola? Sta diventando buio, non voglio che tu vada in giro da sola."

"Ci andrò a piedi da lì. Voglio fare una passeggiata."

"Con la neve? Hai detto che preferivi smettesse."

"È vero, ma Central Park innevato è bellissimo. E sono solo dieci minuti, non c'è problema."

"Va bene, ma mandami un messaggio non appena sei in camera."

In macchina non parliamo molto. Yuri fa per dirmi qualcosa, ma credo non lo ritenga il momento giusto. Aveva quello sguardo quando *Babushka* se n'è andata, e i miei genitori gli avevano chiesto di portarmi a casa, così potevano dirmelo. Era morta da sola.

Ricaccio indietro le lacrime che minacciano di uscire ogni volta che penso che io non ero lì con lei. La chiamavo solo una volta ogni tanto, la davo per scontata.

Mamma mi diceva sempre che la danza richiede dei sacrifici. Non avrei mai pensato che intendesse anche dover trascurare qualcuno.

March 21st, 4 p.m.

"YOU'RE GOING TO BE LATE," Papa calls from outside. The snow drifts down steadily, covering everything in a peaceful white blanket.

My heart skips a beat. I've told him three times that I don't want to go back today. Mama is still gone and Papa looks even worse than he did yesterday. He doesn't understand that I deserve to know what's going on. If they get a divorce, would they even tell me?

"I don't want to go back. I want to stay here. They can tell me if I made it or not over the phone."

I stand still, burying my fears of them splitting up. Maybe divorce would be best for them. Mama's drinking is clearly getting out of hand, but then I'd lose her, too. There's no way she'll get help without Papa pushing her.

"You're going. End of discussion." He pauses. "You need to be back at school. We'll be fine, Natoushka. Okay? Grab your suitcase and let's go."

I draw in slow, steady breaths. Getting mad at Papa won't solve anything. And he seemed so sad earlier at the kitchen table. "Fine, but I'm coming back next weekend," I reply.

"We'll see."

I walk carefully out the door and down the steps to the car, and then settle into my seat. Papa puts the car in reverse, and the tires slide on the wet ground.

21 marzo, ore 16

"FARAI TARDI," MI DICE papà da fuori. La neve viene giù forte, ricoprendo ogni cosa con il suo placido manto bianco.

Il cuore mi manca un battito. Gli ho già detto tre volte che non voglio tornare oggi, mamma se n'è andata e lui ha un aspetto ancora peggiore di ieri. Non capisce che merito di sapere cosa sta succedendo? Se dovessero divorziare, me lo direbbero?

"Non voglio tornare a scuola, voglio stare qui. Possono dirmelo al telefono, se mi hanno presa o no."

Rimango immobile, cercando di seppellire il terrore che i miei si separino. Forse il divorzio sarebbe la cosa migliore, il problema di mamma con l'alcol sta diventando troppo grave, ma così perderei anche lei. Senza dubbio non si farebbe aiutare senza la spinta di papà.

"Ci torni, invece. Senza discutere." Fa una pausa. "Devi andare a scuola. Qui ce la caveremo, Natoushka, okay? Prendi la valigia e andiamo."

Inspiro ed espiro lentamente, fermamente. Arrabbiarsi con papà non servirà a nulla, e prima in cucina aveva un'aria tanto triste. "Va bene, ma torno qui il prossimo weekend," replico.

"Si vedrà."

Esco di casa e vado verso la macchina camminando con attenzione, poi mi siedo. Papà ingrana la retromarcia e le gomme scivolano sul terreno bagnato.

"My flight might be cancelled, you know." I attach my seat belt and cross my arms over my chest.

Papa maneuvers the car out of the driveway and heads toward the interstate. The little roads are neither entirely plowed nor salted and I'm not sure how he can see anything with the snow as thick as it is. He turns the radio to NPR.

"Papa, why do you let yourself be bullied by her?" I ask after a few minutes. "You fight all the time, but it's getting worse."

"I don't want to talk about it, Natoushka," he replies.

"But *I* want to. Why did Mama leave? Why were you yelling?" I press him, but he doesn't answer, his fingers playing an invisible piano on the wheel.

"Papoushka?" I try again, but still nothing.

"Fine." I pump up the radio volume and change it to a Top-40 station.

"I told you not to play with the radio while I'm driving." He switches the program back.

"And I want to know what's going on." I change the radio again.

He swats my hand and sighs, not taking his eyes off the road. "The important thing is you know I love you."

He sounds so serious, way too serious. "Don't get all sentimental on me now, Papoushka," I say, trying to lighten the mood.

He glances my way, staring at me for what seems like forever. His fingers are all fidgety.

"Potrebbero avermi cancellato il volo." Mi metto la cintura e incrocio le braccia sul petto.

Papà fa manovra per uscire dal vialetto e si dirige verso l'autostrada. Le stradine qui intorno non sono del tutto spazzate né ricoperte di sale e non so come faccia lui a vederci qualcosa, con tutta la neve che viene giù. Accende la radio.

"Papà, perché le permetti di trattarti così?" gli chiedo dopo qualche minuto. "Litigate di continuo, e ora è peggio che mai."

"Non ne voglio parlare, Natoushka," risponde.

"Ma io sì. Perché se n'è andata? Perché urlavate?" lo incalzo, ma lui non dice una parola. Tamburella con le dita sul volante come se fosse un pianoforte.

"Papoushka?" ritento, ma senza successo. "Va bene." Alzo il volume della radio al massimo e metto una stazione che trasmette i successi del momento.

"Ti ho detto mille volte di non cambiare canale mentre guido." Cambia di nuovo stazione.

"E io voglio sapere che succede." Lo faccio anch'io, di nuovo.

Mi dà uno schiaffetto sulla mano e poi sospira, senza distrarsi dalla guida. "La cosa più importante è che tu sappia che ti voglio bene."

Suona così serio, fin troppo serio. "Non fare il sentimentale, ora, Papoushka," dico, cercando di sdrammatizzare.

Mi lancia un'occhiata, guardandomi per quella che sembra un'eternità. Le dita gli tremano forte.

The car slides dangerously across the centerline of the road, but then he shakes his head, mutters something I don't understand, and rights the car, regaining control. Loud honking distracts him, and lights slice through the snow, nearly blinding me in the early-evening darkness.

A semi-truck barrels toward us, honks again, and then pummels across the road.

I've never understood the expression "my life flashed before my eyes" until now. I have so many things I want to live for, so many things I still want to say, to Papa, to Mama, to Becca, and to the friends I have neglected. I have so many ballets to dance.

"Papa!" I yell.

"Hold on tight," Papa shouts, cranking the steering wheel. Our car slips across the road, tumbles to the side and into the grass.

It's moving so fast and we just keep going. It's like we'll never stop.

"Hold on!" Papa yells again.

And then there's nothing.

L'auto slitta pericolosamente verso il centro della carreggiata, ma mio padre scuote la testa borbottando qualcosa che non riesco a capire e la raddrizza, riprendendone il controllo. Un clacson forte lo distrae, e delle luci tagliano in due la nebbia, accecandomi nel buio pomeridiano.

Un camion sfreccia verso di noi, suona ancora il clacson, e poi finisce in mezzo alla strada a tutta velocità.

Non avevo mai compreso l'espressione "la vita mi è passata davanti agli occhi" prima d'ora. Ci sono tante cose per cui voglio vivere, tante cose che ancora voglio dire, a papà, a mamma, a Becca e agli amici che ho trascurato. Ho ancora tanti balletti da danzare.

"Papà!" grido.

"Reggiti forte," urla lui, sterzando. La macchina scivola sulla strada, si ribalta su un fianco e finisce nell'erba.

Si muove velocissima e continua a muoversi, come se non dovesse fermarsi mai.

"Reggiti!" grida di nuovo papà.

E poi, più nulla.

March 19th, 8 p.m.

DESPITE WHAT I TOLD Uncle Yuri, I take the long way back to school through Central Park. I pull out my iPod and can't help the smile that blooms when one of my favorite of Chopin's waltzes comes on. Waltz in C-sharp minor starts somewhat slow, but then the pace picks up. I do a *pas chassé* and a quick pirouette, bowing to an invisible audience. The snow falls harder and everything looks magical, full of possibilities.

My shoulders feel light, and even though I'm still a bit worried about the results of my audition, dinner with Uncle Yuri relaxed me, and now I know in my heart and in my bones that I nailed it.

An imaginary conversation with the Juilliard recruitment committee plays out in my mind.

"Miss Pushkaya, this is unusual, but we'd like you to star as the principle ballerina for the showcases, and you have free reign over the choreography," the director of Juilliard tells me.

"I'd love to," I reply.

I skip across the snow-covered grass, laughing. Maybe I'm worried for nothing. Mama will pick me at the airport with Papa, and her eyes will glint with happiness while Papa stands tall, both of them shining with pride.

19 marzo, ore 20

NONOSTANTE QUELLO CHE HO DETTO allo zio Yuri, per tornare a scuola prendo la via più lunga attraverso Central Park. Tiro fuori l'iPod, e non riesco a non sorridere quando parte uno dei miei valzer preferiti di Chopin. Il valzer in Do diesis minore comincia un po' lento, ma si fa più veloce andando avanti. Faccio un *pas chassé* e una veloce pirouette, inchinandomi per un pubblico invisibile. La neve cade più forte di prima e tutto sembra magico, pieno di possibilità.

Sento le spalle leggere. Anche se sono ancora un po' preoccupata per i risultati dell'audizione, cenare con lo zio Yuri mi ha fatto bene, e adesso sono più che certa di avercela fatta.

Nella mia testa immagino una conversazione con la commissione addetta alle selezioni della Juilliard.

"Signorina Pushkaya, non è nostra abitudine, ma saremmo felici se volesse partecipare alle esibizioni come prima ballerina, con totale libertà sulle coreografie," mi dice il direttore della Juilliard.

"Sarebbe splendido," rispondo io.

Saltello sull'erba ricoperta di neve, ridendo. Forse mi preoccupo per niente. Mamma verrà a prendermi all'aeroporto insieme a papà, e i suoi occhi brilleranno di gioia mentre papà mi aspetterà tutto impettito, entrambi pieni d'orgoglio.

Maybe they won't fight this weekend. Maybe Mama won't drink. Maybe we'll celebrate as a family.

Together.

I hurry the rest of the way home, looking forward to seeing Emilia, to catching up with Becca, and to packing my suitcase. When I enter our room, though, Emilia's nowhere to be seen. She left a note on my desk, between the clutter of my papers and her neat bookshelf:

Gone to rehearse.

I frown. Even *I* took the evening off. Most students are out celebrating. Why is she rehearsing now?

I stride out of the room and make my way to the studio. Music blasts through the speakers. I open the door and poke my head inside.

"Emilia?" I call softly, not wanting to scare her. If she's practicing her jumps, she doesn't need me to frighten her.

But I don't need to worry.

"I don't want to hear it!" Emilia shouts at Nick. "You were right. You and I . . . we'll never work!"

"This is bs and you know it. I was wrong." He pauses. "I can't stop thinking about you." Her mouth gapes open. "I want to kiss you. Tell me you don't want me to and I won't." He pauses. They stare at each other for a few seconds. Emilia rises on her toes, and Nick cups her face with one hand while the other snakes around her waist.

He watches her, giving her enough time to move away or say something. When she doesn't, he leans his face toward her.

Forse questo weekend non litigheranno. Forse mamma non berrà. Forse festeggeremo, come una vera famiglia.

Insieme.Mi sbrigo per tornare a scuola, impaziente di vedere Emilia e Becca e di fare la valigia. Quando entro in camera, però, Emilia non c'è. Ha lasciato un biglietto sulla mia scrivania, tra le mie carte in disordine e la sua libreria curata:

Sono alle prove.

Aggrotto la fronte. Perfino *io* mi sono presa la serata libera, e quasi tutti gli studenti sono fuori a festeggiare. Perché sta provando proprio adesso?

Esco dalla stanza a grandi passi e mi dirigo verso la sala prove. La musica rimbomba dalle casse. Apro la porta e infilo dentro la testa per guardare.

"Emilia?" la chiamo dolcemente, per non spaventarla. Se si sta allenando sui salti, è meglio che non le faccia prendere spaventi.

Ma non devo preoccuparmene.

"Non mi importa!" grida Emilia a Nick. "Avevi ragione, io e te... non funzionerà mai!"

"Sono stronzate e lo sai. Mi sbagliavo." Lui fa una pausa. "Non riesco a smettere di pensare a te." Lei spalanca la bocca. "Voglio darti un bacio. Dimmi che non vuoi e non lo farò." Fa una nuova pausa, e si fissano per qualche secondo. Emilia si alza in punta di piedi, e Nick le prende il viso in una mano mentre con l'altra le cinge la vita.

La guarda, dandole il tempo di ritrarsi o dire qualcosa. Lei non lo fa, allora lui avvicina il volto al suo.

"You're driving me crazy," he tells her. She's about to say something back, but their lips meet and it's like watching a new dance unfolding in front of me. They get lost in one another.

I can't help but stare.

I've never been kissed. Not even once. Not even a little peck or while playing spin the bottle—okay, fine, I've never played spin the bottle. But still.

They pull apart. Emilia's eyes widen, but then she tugs him back to her. She whispers something I can't hear. Something I probably shouldn't hear.

I slowly close the door behind me, wishing Emilia trusted me enough to tell me about what's going on, missing the easy conversations Becca and I always had during our summers together.

Back in our dorm room, I pick up my phone and dial Becca's number but it goes straight to voice mail.

"Hi, Becca. Sorry I've been MIA. Call me back."

I slowly pack my bag, making sure I bring Fuzzy with me. He takes up a quarter of the space, but I can't leave him behind even for a night. I still have leggings and several leotards at my parents' house, but I add one more dance outfit just in case.

Emilia enters the room, her cheeks red and her hair more out of control than usual. Tears shine at the corner of her eyes.

"Are you okay?" I ask, unsure if I should bring up what I saw in the rehearsal room or not.

"Mi fai impazzire," le dice. Lei sta per rispondere, ma le loro labbra si toccano e per me è come guardare un nuovo tipo di danza. Si perdono l'uno nell'altra.

Non riesco a smettere di fissarli.

Io non sono mai stata baciata, nemmeno una volta. Neanche un bacio a stampo, o giocando al gioco della bottiglia, be', okay, non ci ho neanche mai giocato, ma comunque...

Si separano. Gli occhi di Emilia sono spalancati, ma lo attira di nuovo a sé e bisbiglia qualcosa che non riesco a sentire. Qualcosa che probabilmente non *dovrei* sentire.

Chiudo piano piano la porta. Vorrei che Emilia si fidasse di me e mi raccontasse tutto, e mi mancano le conversazioni frivole che avevo con Becca ogni estate.

Di nuovo in camera mia, prendo il telefono e la chiamo, ma c'è la segreteria.

"Ciao, Becca. Scusa, mi avrai data per dispersa. Chiamami."

Inizio a fare la valigia con calma, assicurandomi di portare Fuzzy con me. Prende quasi un quarto dello spazio, ma non posso lasciarlo qui neanche per una sola notte. Ho dei leggings e qualche body a casa dei miei, ma ne porto un altro paio per sicurezza.

Emilia entra nella stanza, con le guance rosse e i capelli molto più spettinati del solito. Ha gli occhi lucidi.

"Tutto bene?" le chiedo, incerta se dirle cosa ho visto in sala prove o meno.

"Totally fine." She shrugs. "Tired, that's all. What time are you leaving tomorrow?"

"Super early. I have a morning flight."

"I have to get up to spend some time with my nonna. Do you mind if I turn in early?" She yawns as if to prove her point.

"Of course not. I'll just keep the little desk light on if that's cool."

She picks up her shower bag, her bright-blue towel, and her pj's. "You know, sometimes I wonder if I'm cut out for all of this." She sighs. "I'm happier in the restaurant with my nonna than I am here. But I'm good, right?"

"You're amazing," I reply, tugging on my necklace. I look directly at her. "But dancing should make you happy."

"I don't know what makes me happy." She lets out a short laugh and blows a strand of hair away from her face. "Listen to me, having a pity party. I'll be back." She heads off, and I stare at her retreating back, not understanding her.

Dancing's the *only* thing that makes me happy.

Se si fosse trattato di Becca gliel'avrei detto, ma io ed Emilia non abbiamo mai parlato molto della nostra vita privata.

"Benissimo." Si stringe nelle spalle. "Sono stanca, ecco. A che ora parti domani?"

"Prestissimo la mattina."

"Io devo alzarmi per vedere mia nonna, ti spiace se vado a dormire subito?" Sbadiglia come per sottolineare quello che ha appena detto.

"Figurati, non c'è problema. Lascio accesa la lucina della scrivania, se non ti dispiace."

Lei prende il borsone con le cose per la doccia, il suo asciugamano blu elettrico e il pigiama. "Sai, a volte mi chiedo se questa sia la cosa giusta per me." Sospira. "Sono più felice al ristorante con mia nonna che qui. Ma sono brava, non è vero?"

"Sei fantastica," le dico, stringendo tra le dita la collanina. La guardo negli occhi. "Ma la danza dovrebbe renderti felice."

"Non so cosa mi rende felice." Fa una risatina e si scosta una ciocca di capelli dal viso. "Sentimi, come mi compatisco. Be', a tra poco." Si allontana e io la fisso, senza capirla.

Ballare è l'*unica* cosa che rende felice me.

March 23rd, 6 p.m.

I STRUGGLE TO OPEN MY EYES AGAIN, but the whispers around me intensify, making it impossible to believe I'm having a nightmare.

"Someone has to tell her," Uncle Yuri says.

"She already knows," Mama replies. "It was written on her face. She already knows." Her voice cracks.

"Papoushka?" I whisper, and my uncle rushes to my side. I struggle to sit up, wincing at the pain. There's a hole where my heart used to be. I shouldn't be able to breathe. But I can. I am alive, but it doesn't feel like I can really be happy or thankful until I see Papa, until I know he's okay.

"Katya," Uncle Yuri calls. Mama tiptoes closer to me. I can see her blue eyes full of tears.

My chest constricts.

"Your papa . . ." Tears fall down her beautiful face. I want to tell her that it will be okay, that Papa would never leave us, that he's here somewhere, ready to hold her, ready to hold me. Uncle Yuri wraps an arm around her shoulder, but she shakes it off. "Your papa's gone, Natoushka."

"No. He can't be. He can't be gone," I whisper. And then sobs rack my body. The pain intensifies, but the sadness overwhelms everything.

22 marzo, ore 18

MI SFORZO DI APRIRE DI NUOVO GLI OCCHI, ma i sussurri intorno a me si intensificano, rendendomi difficile credere che sia tutto solo un brutto sogno.

"Qualcuno deve dirglielo," dice lo zio Yuri.

"Lo sa già," risponde mamma. "Ce l'aveva scritto in faccia. Lo sa." La voce le si incrina.

"Papoushka?" mormoro, e mio zio si precipita al mio fianco. Cerco di tirarmi su a sedere, con una smorfia di dolore. C'è un buco dove prima avevo il cuore, e non dovrei riuscire a respirare, ma ci riesco. Sono viva, ma ho l'impressione che non potrò essere felice o sentirmi sollevata finché non vedrò papà e saprò che sta bene.

"Katya," dice mio zio. La mamma mi si avvicina in punta di piedi, e vedo che i suoi occhi azzurri sono pieni di lacrime.

Sento il petto improvvisamente stretto in una morsa.

"Il tuo papà..." Lacrime cadono sul suo bellissimo viso. Voglio dirle che va tutto bene, che papà non ci lascerebbe mai, che è da qualche parte e la aspetta per abbracciarla, per abbracciare me. Lo zio Yuri le cinge le spalle con un braccio, ma lei lo allontana. "Il tuo papà se n'è andato, Natoushka."

"No, non è vero. Non può essere," sussurro. Poi il mio intero corpo inizia a venire scosso dai singhiozzi. Il dolore aumenta, ma quest'altro dolore prende il sopravvento su tutto.

March 24th, 4 p.m.

NUMB.

There's no other word to express how I feel right now. My tears stopped falling after two days, but the lump in my throat hasn't gone away. I stare into space, trying to tune out the noises surrounding me: the carts in the hallways full of hospital food, the people coming in and out of other patients' rooms, some of them hugging, some of them crying, some of them praying, some of them kissing as if they want to remind themselves they're alive.

Papoushka's not.

I'll never see him again and just thinking about him makes it hard to breathe. He'll never play the piano again with a smile on his face. Because I didn't convince him to let me stay behind. Because I didn't convince him to not drive me to the airport. Because, then in the car I had to pry, I had to keep on bugging him, distracting him, challenging him.

I've forgotten some pieces of the accident. I can't remember exactly what Papa said before we swerved. The doctor assured me that it's normal.

But when I asked about my leg, he told me it was going to take months to heal. That even after it heals it might still be too fragile to go back to dancing professionally. He doesn't know me. If there's even a tiny chance, I'll take it. I'll work my ass off to make sure that I grab it.

24 marzo, ore 16

TORPORE.

Non esiste una parola migliore per descrivere come mi sento adesso. Ho smesso di piangere dopo due giorni, ma il groppo che ho in gola non se ne va. Fisso il vuoto, cercando di isolarmi dai rumori esterni: i carrelli pieni di cibo nei corridoi dell'ospedale, la gente che fa dentro e fuori dalle altre camere, qualcuno si abbraccia, qualcuno piange, qualcuno prega e qualcun altro si bacia, come se volessero ricordare a se stessi di essere vivi.

Papoushka invece non lo è, vivo.

Non lo vedrò mai più, e solo pensare a lui mi rende faticoso respirare. Non suonerà mai più il suo piano con il sorriso sulle labbra, perché non l'ho convinto a lasciarmi a casa. Perché non l'ho convinto a non portarmi all'aeroporto. E perché lì, in macchina, ho continuato a infastidirlo, a distrarlo, a metterlo alla prova.

Ho dimenticato alcuni momenti dell'incidente, non ricordo esattamente cosa ha detto papà prima di sterzare. Il dottore mi ha assicurato che è normale. Ma quando gli ho chiesto della mia gamba mi ha detto che ci vorranno mesi perché guarisca, e che anche dopo potrebbe restare troppo fragile perché io possa tornare a ballare seriamente. Lui non mi conosce. Se c'è anche una minuscola possibilità, io la sfrutterò. Lavorerò sodo per riuscire a sfruttarla.

I turn my head to Uncle Yuri slowly. It's still painful to do that. "Did the school call?"

He nods, but doesn't meet my eyes.

"What did they say?" I ask.

Still nothing from Uncle Yuri.

"Someone has to tell me, and Mama isn't here. Please.

"They said you got the role. You were right. The director said he's holding a spot for you when— if you can come back."

I had it," I whisper. "I really had it." My throat burns, and I close my eyes, remembering how it felt to be onstage, the way my body morphed into a story, the way my heart belonged to dancing. When I open my eyes again, I turn to Uncle Yuri and, without a word, his hand finds mine and he squeezes.

Mama swings into the room, her blond hair falling on her shoulders. She's wearing jeans, her snow boots, and one of Papa's sweaters. She's carrying a bouquet of lilies with her—my favorite flowers, the ones Papoushka always gave me after a recital or on my birthday. She freezes in front of my bed and fumbles in her bag. I know what she's looking for, but instead of pulling out her flask and taking a swig, she wraps her arms around herself.

"Thanks for the flowers, Mama," I say. She nods, not looking my way. For a split second, I think today's the day she'll take me in her arms and hold me, a day we can both mourn my father. I stare at her and try to squish the small part of me that wants to yell at her for getting Papoushka so worked up, for making him so sad all weekend.

Mi volto lentamente verso lo zio Yuri. Farlo fa ancora male. "La scuola ha chiamato?"

Annuisce, ma non mi guarda in faccia.

"Cos'hanno detto?" chiedo.

Lo zio Yuri non risponde.

"Qualcuno deve dirmelo, e mamma non è qui. Per favore."

"Hanno detto che hai avuto la parte. Avevi ragione. Il direttore ha detto che ti terranno un posto per quando... se potrai tornare."

"Ce l'ho fatta," dico in un sussurro. "Ce l'ho fatta veramente." La gola mi brucia e chiudo gli occhi, ripensando a come mi sento a stare sul palco, al modo in cui il mio corpo si adatta alla storia, a quanto il mio cuore appartenga alla danza. Quando li riapro, la mano dello zio Yuri prende la mia e, senza una parola, la stringe.

La mamma entra nella stanza, i capelli biondi che le ricadono sulle spalle. Indossa i jeans, gli stivali da neve e un maglione di papà. Ha con sé un mazzo di gigli, i miei fiori preferiti, quelli che *Papoushka* mi portava sempre dopo uno spettacolo o per il mio compleanno. Si ferma davanti al mio letto e si mette a rovistare in borsa. So cosa sta cercando, ma invece di tirare fuori la fiaschetta e bere un sorso, si stringe le braccia attorno al corpo.

"Grazie per i fiori, mamma," dico, e lei annuisce senza guardarmi. Per un millesimo di secondo penso che oggi è il giorno in cui mi abbraccerà forte, il giorno in cui insieme potremo piangere per mio padre. La guardo e cerco di zittire la parte di me che vorrebbe rinfacciarle di aver fatto arrabbiare tanto papà e di averlo reso infelice per tutto il weekend.

"That's what your papa would have wanted." She struggles to speak. "Your father loved you so much," she whispers. "You know that."

Uncle Yuri squeezes my hand one more time. "He would have done everything for her," he says. "I told Nata about the auditions. She needed to know she came in first. She needs to know she always comes first."

Mama turns away from us. "I have to go," she mutters. "I have to see the doctor."

"I'll come with you," he says, then kisses my forehead. "I'll be back." He sighs. "You look so much like him. You smile the same way." His shoulders sag, and there's so much in his eyes, as if looking at me is too much, too hard, too big of a reminder of the family he lost.

• • • •

WHEN MAMA COMES BACK into the room, she's alone.

"Where's Uncle Yuri?"

"A client called. He has to head back to New York," she explains, fidgeting. "I have to go, too, but I'll see you tomorrow, okay?"

"I'll be here," I say. "Can you hand me my iPod?" She grabs it from the nightstand and places it in my open palm.

She stares at me for a second, and without a kiss or so much as a "good night," she leaves me there. She didn't even tell me what the doctor said.

I turn my iPod to The Chopin Collection and close my eyes, imagining Papoushka is the one playing for me.

"Papà te li avrebbe presi." Parla con difficoltà. "Tuo padre ti voleva tanto bene," sussurra. "Lo sai."

Lo zio Yuri mi stringe la mano ancora una volta. "Avrebbe fatto di tutto per lei," dice. "Ho detto a Nata dell'audizione, doveva sapere che hanno scelto lei. Deve sapere che è la migliore."

Mamma ci volta le spalle. "Ora devo andare," mormora. "Devo parlare col dottore."

"Vengo con te," dice lui, poi mi dà un bacio sulla fronte. "Torno presto." Sospira. "Gli assomigli tanto. Avete lo stesso sorriso." Ha le spalle incurvate e i suoi occhi sono pieni di dolore, come se guardarmi fosse troppo difficile e gli ricordasse fin troppo bene la parte di famiglia che ha perso.

· · · ·

QUANDO MAMMA TORNA in camera, è da sola.

"Dov'è lo zio?"

"Un cliente l'ha chiamato, deve tornare a New York," dice, agitata. "Devo andare anch'io, ma ci vediamo domani, okay?"

"Io sono qui," dico. "Puoi passarmi l'iPod?" Lei lo prende dal comodino e me lo posa sul palmo della mano.

Mi osserva per qualche secondo, poi se ne va senza nemmeno darmi un bacio o dirmi buonanotte. Non mi ha detto neanche cosa ha detto il dottore.

Accendo l'iPod e metto *The Chopin Collection*, poi chiudo gli occhi e immagino che sia Papoushka a suonare per me.

August 22nd, 5 p.m.

ALMOST ALL THE MOVING boxes are still in the hallway, but Mama's already upstairs. She said she needed to "rest," but when I went to check on her, she was walking from her bedroom to the bathroom with a bottle of vodka in her hand. She's probably passed out on the cold tiles now.

Babushka's house is familiar and foreign all at once. I've spent so many happy summers here, running down the hallways, asking my grandmother to tell me stories about her life back in Russia, creating stories with the several sets of wooden matryoshka dolls Babushka kept on her shelves. But without her, without Papa, the house mocks my happy memories, as if it knows I won't be making any new ones anytime soon.

My knee brace makes it difficult to carry boxes up the stairs to my room, but I want to do something. I can't stand still or watch TV knowing Mama's upstairs finding yet another bottle in which to forget about me. If Uncle Yuri were here, he could help, but I haven't seen him since he left my room with Mama to go talk to the doctor. I haven't heard from him, either. He didn't even come to the funeral.

The doorbell rings.

22 agosto, ore 17

QUASI TUTTI FLI SCATOLONI sono ancora nell'ingresso, ma mamma è già al piano di sopra. Mi ha detto che doveva "riposare", ma quando sono andata a controllare stava andando in bagno con in mano una bottiglia di vodka. Probabilmente adesso sta dormendo sulle piastrelle gelate.

La casa di Babushka mi sembra al contempo familiare e sconosciuta. Ho passato qui tante estati felici, correndo su e già per i corridoi, chiedendo alla nonna di raccontarmi un'altra storia di lei in Russia, inventandomi favole con tutte le matriosche che Babushka teneva sugli scaffali. Ma senza di lei, senza papà, è come se la casa si prendesse gioco dei miei ricordi felici, come se sapesse che non me ne creerò di nuovi ancora per un bel pezzo.

Portare le scatole in camera mia è difficile per via del tutore al ginocchio, ma voglio fare qualcosa. Non posso stare con le mani in mano o guardare la TV sapendo che mamma è di sopra a cercare un'altra bottiglia con cui dimenticarsi di me. Se lo zio Yuri fosse qui potrebbe aiutarci, ma non lo vedo da quando è uscito dalla mia stanza d'ospedale con mamma per andare a parlare col dottore. Non mi ha nemmeno chiamato, e non è venuto al funerale.

Il campanello suona.

Probably another neighbor bringing us a pie or a casserole. Everyone's been so welcoming. I quickly check in the mirror that the scar on my cheek—another memory of the car crash—is well hidden by my make-up and open the door.

I can't help but smile when I see Becca standing in front of me. Her wild hair frames her face, and she runs her hand through it once, twice, three times, trying to tame it unsuccessfully.

Her light-brown eyes roam my face as if she's trying to figure me out. She's called a few times, and we talked for a bit, but I haven't opened up. I haven't cried. I haven't told her how much everything hurts, how it's killing me on the inside to see Mama waste away, how much I miss my father, how I wish I could turn back time, and how I have no idea who I am anymore.

Becca tilts her head. "Am I going to stay on the porch?" She nudges me and smiles, and then pats my arm, knowing how I am about hugging.

"Mama's sleeping," I tell her.

Becca raises an eyebrow. "I came to see you, not your mom." I step to the side, opening the door wider to let her in. I can't be completely rude to my best friend. "And when did you hair turn black?"

"Yesterday. I kind of experimented," I tell her.

"Experimented how? It looks awesome!" she replies.

I can't tell her I grabbed a pair of scissors and chopped it off.

Probabilmente è un altro vicino che ci porta una torta o dello stufato. Sono tutti così gentili. Controllo velocemente che la cicatrice sulla mia guancia, un altro ricordo dell'incidente, sia ben nascosta dal trucco e apro la porta.

Non riesco a non sorridere nel vedere Becca. Il volto è incorniciato dai capelli scompigliati, e lei ci passa la mano una, due, tre volte, cercando di domarli senza successo.

I suoi occhi marrone chiaro scrutano il mio viso come se stesse cercando di capirmi. Mi ha chiamata un po' di volte e abbiamo parlato, ma non le ho detto granché di come mi sento. Non ho mai pianto. Non le ho detto di quanto io stia male, di quanto mi faccia male vedere mamma ridursi così, di quanto mi manchi mio padre, di quanto voglia rimettere indietro le lancette, né di quanto io non abbia più idea di chi sono davvero.

Becca inclina la testa di lato. "Mi fai restare sulla porta?" Mi tocca il gomito con un sorriso, poi mi dà una piccola pacca sul braccio, sapendo bene come la penso sugli abbracci.

"Mamma dorme," le dico.

Becca solleva un sopracciglio. "Sono venuta per te, non per tua mamma." Mi faccio da parte e apro bene la porta per farla entrare. Non posso essere scortese con la mia migliore amica. "E quand'è che ti sei fatta i capelli neri?" mi chiede.

"Ieri, è un esperimento."

"E come hai fatto? Stai benissimo!"

Non posso dirle che ho preso un paio di forbici da sola e ci ho dato un taglio.

Mama was somewhere drinking or dozing, and when I looked into the mirror, I saw a reflection of her looking at me: the same hair, the same sad look, the same frown. Luckily, my babushka's hairdresser helped me out after the fact and made it look like a cut instead of a crazy moment.

Becca shifts her feet. "Do you need help moving in? I can bring some boxes upstairs. You're staying in your old room, right?"

My stomach tightens. Dramatic scenarios go through my mind, like us going upstairs and Mama throwing a fit, smashing things on the floor like she sometimes does, or she actually leaves her room, totally wasted. No one can know about her, about her crappy coping mechanisms. I need to protect her, even if I barely can remember the last time we actually had a conversation that didn't end up in her crying or yelling or just staring right through me.

My babushka passed away almost a year ago, my papa died, my uncle vanished from our lives without as much as a good-bye.

She's the only family I have left.

"Earth to Nata." Becca bumps her hip against mine.

"Most of my boxes are already upstairs. Do you want a Coke or a hot chocolate?" My smile feels more natural as I remember trips to our favorite coffee shop, Coffee & Mugs. They serve the yummiest hot chocolate, and despite the heat, we'd go there at least once every summer.

Mamma era da qualche parte a bere o a dormire, e quando mi sono guardata allo specchio ho visto il suo riflesso che mi guardava: gli stessi capelli, lo stesso sguardo triste, lo stesso cipiglio. Per fortuna la parrucchiera della nonna mi ha dato una mano a sistemare il tutto e l'ha fatto assomigliare a un taglio ragionato, invece che a un momento di follia.

Becca sposta il peso da un piede all'altro. "Hai bisogno di una mano col trasloco? Posso aiutarti a portare su un po' di scatole. Stai nella tua vecchia stanza, vero?"

Sento una stretta allo stomaco. Mi vengono subito in mente scenari drammatici, tipo noi che andiamo al piano di sopra e mamma ha un attacco nervoso e lancia roba in giro per la camera, come succede a volte, oppure esce dalla stanza ubriaca marcia. Nessuno deve sapere di lei e del modo in cui affronta i problemi. Devo proteggerla, anche se a malapena ricordo l'ultima volta che abbiamo avuto una conversazione che non finisse con lei che urlava o piangeva o mi fissava senza nemmeno vedermi.

La nonna se n'è andata quasi un anno fa, papà è morto, lo zio è sparito dalle nostre vite senza una parola.

Lei è l'unica famiglia che mi rimane.

"Terra a Nata." Becca mi dà un colpetto con l'anca.

"Quasi tutte le mie scatole sono già su. Vuoi una coca, o una cioccolata?" Ricordo quando andavamo al nostro bar preferito, Coffee & Mugs, e il mio sorriso diventa più naturale. Servono la cioccolata calda più buona del mondo, e nonostante il clima ci andavamo almeno una volta ogni estate.

"Coke sounds good."

We sit at the kitchen table, which is full of paperwork—insurance, deeds, lawyer bills.

"Do you want to talk about it?" Becca asks, and I know she won't push me if I say no.

I shake my head. "I can't believe I'm starting school in a few days."

"You should totally come out with us later tonight. We're having one last bonfire by the lake." She winks. "Plus, there's this guy you need to meet."I search my brain for the one she's talked about every summer. She's had a crush on this one guy forever. "James?"

She blushes and swats her hand in front of her face. "No. I mean, James might be there. He's back from summer camp, but he's not feeling that great, so he might not come." She pauses. "You need to meet one of my friends. I think you guys would totally hit it off."

"Why?" I can't help but ask.

"He's totally your type."

"I don't have a type."

"Everybody has a type. Plus, he's James's best friend, and if James and I finally end up going out at some point in my life, then we could double." She smiles and runs her hand through her hair again. "Even if you two don't hit it off, come out with us tonight. You'll meet everyone before school starts. It'll be fun."

For a moment, I consider it. I haven't been to a bonfire in ages. I haven't been around *people* in ages.

I also haven't left Mama alone in ages. I can't start now, not when she's drinking her weight in vodka.

"Va bene una coca."

Ci sediamo al tavolo della cucina, che è ricoperto di assicurazioni, contratti, parcelle dell'avvocato.

"Ne vuoi parlare?" mi chiede Becca, e so che non mi forzerà a farlo se non voglio.

Scuoto la testa. "Non posso credere che tra qualche settimana comincia la scuola."

"Dovresti venire con noi stasera, facciamo l'ultimo falò sul lago." Strizza l'occhio. "C'è quel tipo che dovresti conoscere." Cerco di ricordare il ragazzo di cui mi parla tutte le estati, ha una cotta per lui da secoli. "James?"

Arrossisce e fa un gesto con la mano. "No, cioè, forse c'è anche lui. È tornato dal campo estivo, ma non sta tanto bene, quindi forse non viene." Fa una pausa. "Devi conoscere un mio amico, penso che andreste d'accordo."

"Perché?" non riesco a fare a meno di chiederle.

"È troppo il tuo tipo."

"Io non ho un tipo."

"Tutti ce l'hanno. E poi è il migliore amico di James, e se io e lui prima o poi usciremo insieme potremmo fare un'uscita a quattro." Sorride e si aggiusta di nuovo i capelli. "Anche se tra voi due non succede niente, stasera dovresti venire. Conoscerai tutti prima che inizi la scuola, sarà divertente."

Per un momento considero l'idea. Non vado a un falò da secoli, non sto con la *gente* da secoli.

Sono anche secoli che non lascio mamma da sola. Non posso iniziare adesso, non ora che sta bevendo litri e litri di vodka.

"I'm sorry. I can't. Mom needs me to help unpack." And she also needs me to pretend she doesn't have a problem. Good luck to me.

"Are you sure?"

There's a loud crash from upstairs, and my pulse accelerates. If Mama comes down drunk, what am I going to tell Becca?

"Totally. But thanks for stopping by." I stand up.

"Oh, okay. Sure, I'll get going." Becca watches me carefully. I strive to keep my blank mask on. "I'll call you," she says. "Or you can call me, too."

"Okay." I hear another thump upstairs, and my palms start to sweat. "I have to go." I stand up and gesture for Becca to follow me. "But thanks again for coming."

I close the door on a bewildered Becca and then hurry upstairs, pushing the bathroom's door but Mama isn't there anymore.

"Mama," I call. No answer. I step into her bedroom. She's sprawled on the floor surrounded by shattered picture frames that she must have been smashing against the wall or something. There are only a few left that have escaped her outburst unscathed.

"Come on, Mama. You need to rest." I carefully take one of the frames out of her hand. She doesn't resist but turns her pale eyes to me.

"Scusa, non posso. Mamma ha bisogno che la aiuti a sistemare la roba." E ha anche bisogno che io finga che non ha nessun problema. Buona fortuna a me.

"Sei sicura?"

Da sopra arriva un rumore forte di qualcosa che si rompe, e il mio cuore accelera. Se mamma viene giù ubriaca, cosa dirò a Becca?

"Sicura. Ma grazie per essere passata." Mi alzo.

"Ah, okay. Va bene, vado." Becca mi osserva con attenzione, e io resisto con la mia maschera di tranquillità. "Ti chiamo," dice. "Oppure chiamami tu."

"Okay." Sento un altro colpo, di sopra, e le mani iniziano a sudarmi. "Devo andare." Faccio cenno a Becca di seguirmi. "Grazie ancora."

Chiudo la porta con Becca che mi guarda attonita e poi corro su per le scale. Apro la porta del bagno, ma mamma non è più lì.

"Mamma," la chiamo. Nessuna risposta. Entro in camera sua. La trovo sdraiata sul pavimento in mezzo a frammenti di vetro di cornici che deve aver lanciato contro il muro o qualcosa del genere. Solo poche sono scampate alla sua furia.

"Alzati, mamma. Ti devi riposare." Le prendo una cornice dalla mano con delicatezza. Non oppone resistenza, ma fissa nei miei i suoi occhi azzurro pallido.

"We killed him," she whispers. I half carry her to bed, wincing at the pain radiating through my knee as I put too much weight on it. I pull the covers over her. "We killed him," she says again before closing her eyes. She starts snoring softly.

I brush a few long blond strands of hair away from her face. "No, you didn't. I was in the car. Not you, Mama."

I'm not sure she can hear me, and I know I don't get through to her, but I still need to try.

I readjust the pillow under her head, and when her snoring grows louder, I tiptoe out of her room and enter mine.

I fall on my bed and rub my temples. A headache is coming. And tears would come, too, if I let them. But right now, I can't.

I replay my conversation with Becca. There's no way in hell I'm going to start dating now. I've seen what falling in love does to people. It destroys them and their dreams. If Mama and Papa hadn't loved each other to the point of hating each other, maybe he'd still be alive.

I won't let myself fall into that trap.

But I *will* dance again.

"L'abbiamo ammazzato," sussurra. La trascino verso il letto, con una smorfia di dolore perché sto caricando troppo peso sul ginocchio. Le rimbocco le coperte. "L'abbiamo ammazzato," ripete prima di chiudere gli occhi. Inizia a russare piano.

Le scosto un paio di lunghe ciocche bionde dal viso. "No, tu no. C'ero io in macchina con lui, mamma, non tu."

Non so se può sentirmi, e so che comunque non riuscirebbe a capirmi, ma devo comunque provarci.

Le aggiusto il cuscino sotto la testa, e quando il suo russare si fa più forte esco dalla stanza in punta di piedi e vado in camera mia.

Mi butto sul letto e mi massaggio le tempie. Mi sta venendo il mal di testa, e verrebbero anche le lacrime, se le lasciassi uscire. Ma non posso, non ora.

Ripenso alla conversazione con Becca. Non esiste che mi metta a vedere ragazzi adesso, ho visto cosa succede alla gente innamorata. L'amore distrugge loro e i loro sogni. Se mamma e papà non si fossero amati fino al punto di odiarsi, forse lui sarebbe ancora vivo.

Non permetterò a me stessa di cadere in questa trappola.

Ma, questo è certo, ballerò di nuovo.

Thank you!

THANK YOU SO MUCH FOR reading ONE DREAM ONLY.

Do you want to know what happens to Nata? ONE TWO THREE is already available in English and in Italian (VIVA, AMA, BALLA). And the bilingual version will be available soon... Don't hesitate to sign up for my newsletter (in English).and you'll find out about new books before anyone else...: https://mailchi.mp/elodienowodazkij/website

Oh, and if you'd like to leave a review for this book, I would be forever grateful...

Grazie!

GRAZIE PER AVER LETTO Il mio unico sogno!

Vorresti scoprire cosa succede a Nata? ONE TWO THREE / VIVA, AMA, BALLA è già disponibile in italiano e in inglese. L'edizione bilingue sarà presto disponibile.

Se vuoi sapere quando uscirà miei nuovi libri, non esitare a iscriverti alla mia newsletter[1] (in inglese): https://mailchi.mp/elodienowodazkij/website

Se lascerai una recensione per questo libro, te ne sarò eternamente grata!

...

---

1. https://docs.google.com/forms/d/
1pE_2-GzJ6aDKovpNTfA4oaL1_ASP7Prk7FkXOhplUrU/viewform?usp=send_form

ELODIE NOWODAZKIJ WRITES about second chances and first times. She was raised in a tiny village in France and moved to the US at nineteen, where she learned she'd never lose her French accent. She now lives in Maryland with her husband, their dog and their cat.

Sign up for her newsletter to get info on upcoming books, plus giveaways and other exclusives: https://mailchi.mp/elodienowodazkij/website

You can also send her an email: elodie@elodienowodazkij.com

Visit Elodie online at:

www.elodienowodazkij.com[1]
www.instagram.com/enowodazkij[2]
www.facebook.com/enowodazkij[3]
twitter.com/ENowodazkij[4]

---

1. http://www.elodienowodazkij.com

2. http://www.instagram.com/enowodazkij

3. http://www.facebook.com/enowodazkij

4. https://twitter.com/ENowodazkij

ELODIE NOWODAZKIJ È una scrittrice delle seconde possibilità e delle prime volte. È cresciuta in un piccolo villaggio in Francia. A diciannove anni si è trasferita negli Stati Uniti e ha capito che non avrebbe mai perso il suo accento francese. Ora vive nel Maryland con suo marito, il loro cane e il loro gatto.

Iscriviti alla sua newsletter per avere informazioni sui prossimi libri, sui giveaway e altre esclusive: https://mailchi.mp/elodienowodazkij/website

Puoi anche mandarle un'email: **elodie@elodienowodazkij.com**

Visita Elodie online:

www.elodienowodazkij.com

www.instagram.com/ENowodazkij

www.facebook.com/enowodazkij

www.twitter.com/ENowodazkij[1]

---

1. http://www.twitter.com/ENowodazkij

La Traduttrice e il Revisore

Maria Giulia Cecchini è nata e vive in Italia. Si laurea in Lingue e Letterature Straniere all'Università di Pisa nel 2008, con una tesi sull'ex primo ministro svedese Olof Palme. Ha un Master in Traduzione Audiovisiva, e lavora come Project Manager presso un'agenzia di consulenza linguistica di Viareggio dal 2013. Nel 2015 ha tradotto *N.D.E. – Il Progetto Lazzaro* di Steven Savile e David Sakmyster.

Elisa Pardini si laurea con lode in Traduzione Letteraria, con una tesi sulla letteratura fantasy, e consegue un master in traduzione Audiovisiva. Appassionata lettrice, si diverte a giocare di ruolo e a esibirsi in compagnie teatrali amatoriali. Per Babelcube ha tradotto *Un guaio con i folletti* e *Lacrime d'oro* di Gayle Ramage, *Acque avvelenate* di Ermisenda Alvarez e *Un amore sotto il vischio* e *Il dono di Lyon* di Tanya Anne Crosby. Ha tradotto inoltre diversi documentari per la televisione.

• • • •

LA TUA RECENSIONE E i tuoi consigli fanno la differenza

• • • •

LE RECENSIONI E I CONSIGLI sono fondamentali per il successo di qualunque autore. Se ti è piaciuto questo libro scrivi una breve recensione, bastano davvero poche righe, e parla ai tuoi amici di ciò che hai letto. Aiuterai l'autore a creare nuove storie e permetterai ad altri di divertirsi come hai fatto tu.

• • • •

IL TUO SOSTEGNO È IMPORTANTE!

Libri di Elodie Nowodazkij

IL MIO UNICO SOGNO (Natalya #0.5)

Vivi, ama, balla (Natalya #1)

Un'estate senza precedent (Nick & Em #1)

Una seconda possibilità (Nick & Em #2)

Amore in Si minore (Jen & Lucas)

A Summer Like No Other/Un'estate senza precedenti (Libro bilingue: inglese/italiano)

Il Mio Unico Sogno / Alles für einen Traum: (Libro bilingue: Tedesco/Italiano - Zweisprachige Ausgabe: Italienisch / Deutsch)

In diesem einen Sommer / Un'estate senza precedenti (Libro bilingue: Tedesco/Italiano)